シリーズ【実像に迫る】004

鍋島直茂

岩松要輔
iwamatsu yousuke

戎光祥出版

はしがき

佐賀市内には、松原《まつばら》神社と佐嘉《さが》神社が背中合わせに鎮座している。松原神社は東向き、佐嘉神社は南向きになっている。松原神社には、本書の主人公鍋島直茂《なべしまなおしげ》・勝茂《かつしげ》親子と龍造寺《りゅうぞうじ》隆信《たかのぶ》・政家《まさいえ》親子が合祀《ごうし》され、佐嘉神社には鍋島直正《なおまさ》（閑叟《かんそう》）・直大《なおひろ》親子が祀られている。

松原神社は江戸時代の創設であるが、龍造寺隆信・政家親子が幕末に敷山《しきやま》社として佐賀の北麓に祀られていたものを、明治初期に松原神社に合祀したものである。佐嘉神社は昭和八年に創設された新しい神社である。

松原神社のお祭りは春秋二回行われ、「日峰さん」の祭りとして知られ、近郷近在の多くの人々が参集する。舞台では「佐賀にわか」、舞踊などが披露され、植木市などの露店が出てにぎわう。佐嘉神社の祭神である鍋島直正（閑叟）・直大親子は、幕末維新期の名君として知られている。昨年七月には、幕末佐賀藩の取り組み（三重津海軍所跡《みえつかいぐんしょあと》）が産業近代化遺産として世界遺産に指定され、脚光を浴びている。鍋島直茂は藩祖とされ、初代佐賀藩主は子の勝茂である。鍋島直正（閑叟）・直大は、それぞれ第十代、第十一代になる。

龍造寺氏から鍋島氏への交替については、鍋島猫騒動などとして、江戸時代から浄瑠璃《じょうるり》や歌舞伎《かぶき》の題材となっていることはよく知られている。これはフィクションで、事実ではないが、龍造寺高房《たかふさ》の非業の死や龍造寺伯庵《はくあん》訴訟事件などが背景にあるのではないかと考えられる。また、佐賀藩には旧龍造寺親族から構成される親類同格（多久《たく》・武雄《たけお》・白石《しろいし》・諫早《いさはや》）の四家の存在があるが、この四家は佐賀藩封建支配体制

のなかで家老として組み込まれている。十八世紀初頭に佐賀藩下で成立した「葉《は》隠《がくれ》聞書《ききがき》」は、龍造寺氏から鍋島氏へと政権交替の正当性を示す、戦国時代から江戸時代初期のさまざまな挿話などを集めた文献である。幕府に提出された鍋島氏の系図には、頭に「龍造寺始め」と断りが付けられている。

私が、鍋島直茂をはじめとする江戸時代初期の佐賀藩の歴史に関心を持ち、史料の調査を始めたのは、教師を志望し佐賀大学教育学部に在学し、卒業論文として「島原の乱と佐賀藩」をテーマとしてからである。当時、佐賀大学の文理学部には三好不二雄、城島正祥両教授が居られ、古文書演習、日本史特殊講義などのご指導を受けた。三好教授は佐賀県立図書館発行の『佐賀県史料集成古文書編』の編集責任者でもあった。

昭和四十一年四月、高校の教壇に立っていた私は、『佐賀県史』編纂の事務局（佐賀県立図書館）に異動となり、五年間在職した。三好教授は執筆委員長の重責に在られ、折にふれてご指導をいただいた。この時期に三好教授から人物往来社の大名列伝に鍋島直茂の執筆を依頼された。浅学非才・若年の身で書かせていただいたのが、本編の基礎となっている。本書を、平成四年一月に逝去された三好不二雄先生の霊前に捧げたい。

二〇一六年八月

岩松要輔

❖シリーズ【実像に迫る】004

鍋島直茂

目次

第二章　関ヶ原から大坂の陣とかけぬけた晩年……………………78

鍋島家ゆかりの品々と佐賀

▲色絵茶碗（流水文碗）　公益財団法人鍋島報效会所蔵

▼井戸大茶碗　公益財団法人鍋島報效会所蔵

▶直茂所用の刀（無銘）　公益財団法人鍋島報效会蔵　佐賀県立博物館寄託

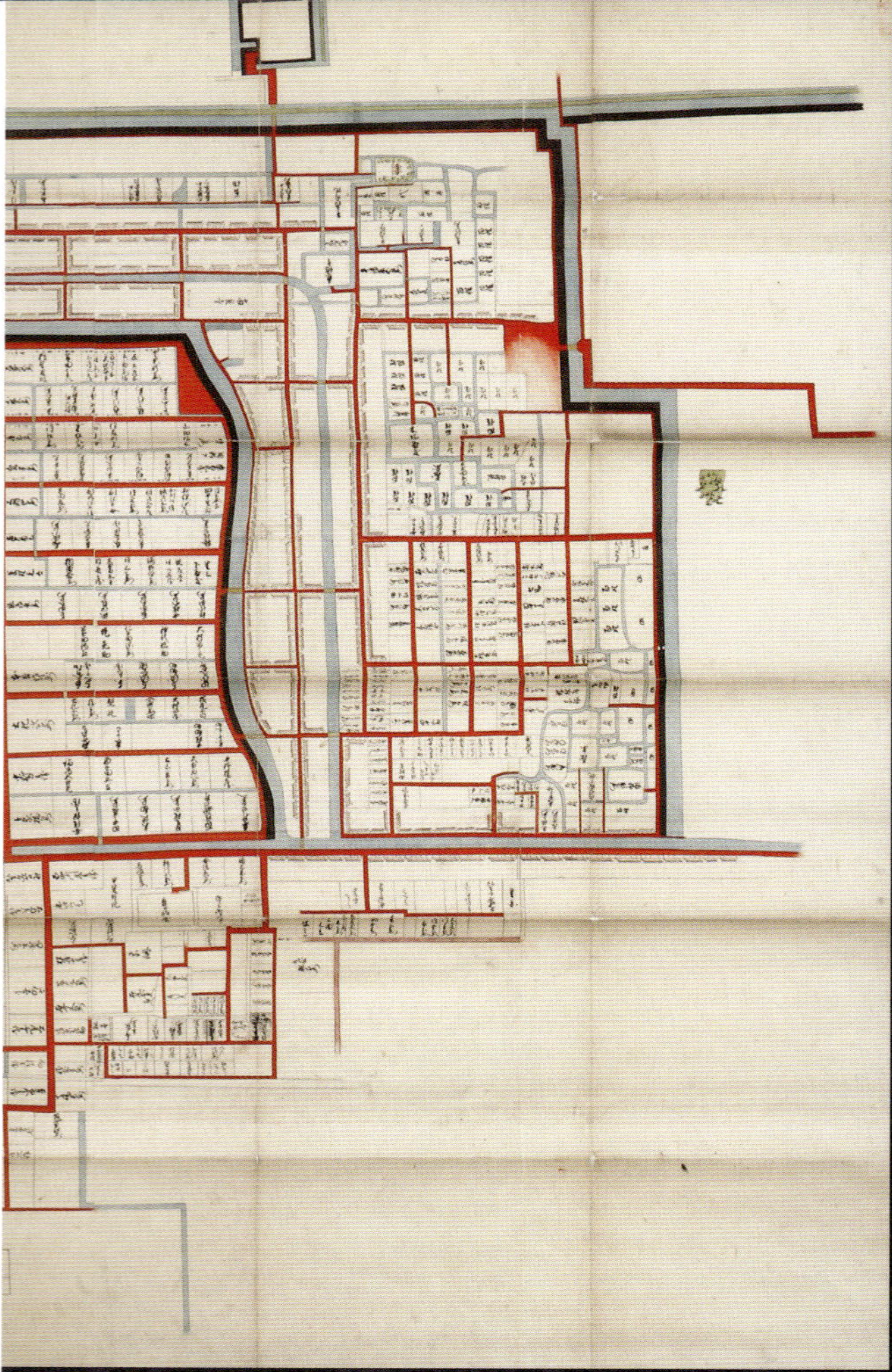

◀江戸時代初期の佐賀城を描いた慶長御積絵図　公益財団法人鍋島報效会所蔵

◀与賀神社鳥居　社前の肥前鳥居は直茂の寄進である（慶長八年銘）

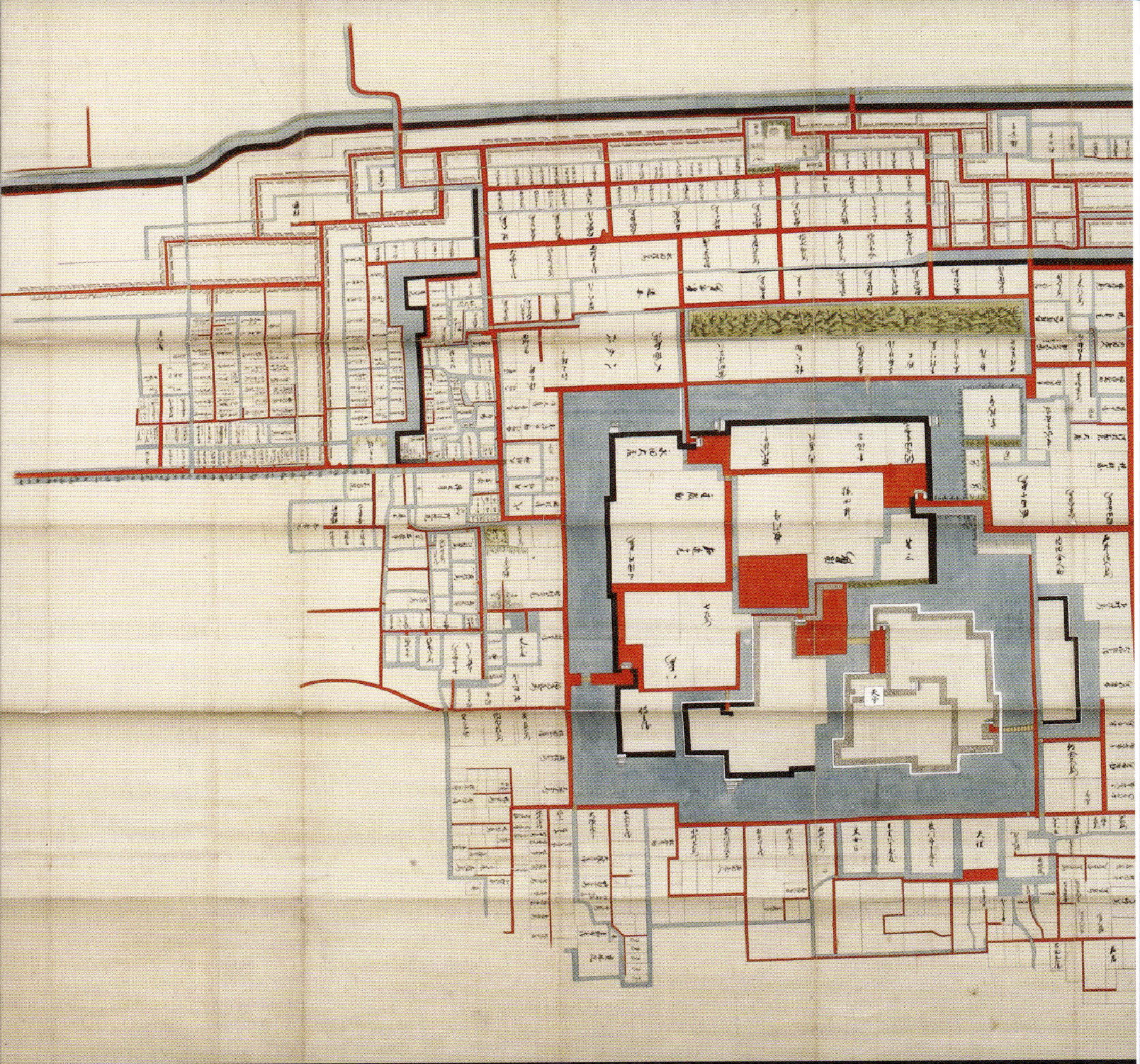

◀与賀神社石橋　直茂によって寄進され、擬宝珠に慶長十一年の銘がある

▲色絵山水花鳥文大皿（色絵祥瑞）　公益財団法人鍋島報效会所蔵

◀菊桐紋蒔絵風呂道具
佐賀県重要文化財　佐賀県立博物館蔵

第一部　龍造寺の仁王門

「肥前の熊」の異名をとる龍造寺隆信の重臣として、少弐氏を倒し肥前統一を助ける。大友宗麟や島津義久と激戦を繰り広げるなかで迎えた島原の戦い。龍造寺隆信の、そして直茂の運命やいかに。

鍋島直茂肖像■公益財団法人鍋島報效会蔵

第一章 鍋島氏の由緒と勢力拡大

■謎を秘めた鍋島氏の起こり■

佐賀藩《さがはん》三十五万七千余石の藩主鍋島《なべしま》氏の起こりは、いろいろいわれている。江戸時代の寛永《かんえい》十九年（一六四二）、寛政《かんせい》元年（一七八九）、文化《ぶんか》六年（一八〇九）と三度、家の出自について幕府から調査がおこなわれているが、このときの提出資料の控《ひか》えをみてみると、表書《おもてがき》が「鍋島始竜造寺系図」となっている。これは、鍋島氏の主家にあたる龍造寺《りゅうぞうじ》氏の流れをくむとするものであり、戦国時代から江戸時代へと、当時主家であった龍造寺氏の勢力を乗り越えて、鍋島氏が佐賀領主の地位を確保していく過程を示している。

龍造寺氏は藤原氏の流れをくみ、鎌倉初期に肥前《ひぜん》国小津《おづ》東郷《ひがしごう》龍造寺村（佐賀市）の地頭職《じとうしき》を獲得し、代々佐賀中央部の豪族として続いてきた。元寇《げんこう》の役では、博多《はかた》や壱岐《いき》で戦い、博多警固番役《はかたけいごばんやく》を勤めている。また、鎌倉末期から南北朝の変動の世を経てきたのであるが、なんといっても龍造寺氏の中興の主といわれる龍造寺家兼《いえかね》の時代から、龍造寺氏は佐賀中原《ちゅうげん》に台頭してくる。

龍造寺家兼の墓■室町末期から戦国初期にかけて活躍した龍造寺氏中興の祖。分家の水ヶ江龍造寺氏の出身であったが、活躍が認められ、主家少弐氏の筆頭家臣となった　佐賀市・高伝寺

家兼の父康家《やすいえ》のとき、嫡家村中龍造寺と庶家水ヶ江《みずがえ》龍造寺の二家に分かれた。これは、康家自身が隠居して水ヶ江（佐賀市）に居住し、家督《かとく》を次男の家和《いえかず》に譲ったことに始まる。家兼は水ヶ江の第二代目で、主家村中龍造寺を助けた。また、肥前守護の少弐《しょうに》氏の被官《ひかん》となり、享禄《きょうろく》三年（一五三〇）に大内《おおうち》氏の肥前侵入を防ぎ、大いにその名をあげた。家兼は後に剛忠《ごうちゅう》と号し、肥前の中原を征して、曾孫隆信《たかのぶ》の雄飛の地盤を固めたのである。

龍造寺隆信は家兼の孫周家《ちかいえ》の子で、猛将として知られる。天正《てんしょう》七、八年（一五七九、八〇）には肥前・肥後《ひご》・筑前《ちくぜん》・筑後《ちくご》・豊前《ぶぜん》の五国と壱岐・対馬《つしま》まで勢力を伸張させたことから、「五州二《ごしゅうに》島《とう》の太守《たいしゅ》」と称された。そして九州を島津義久《しまづよしひさ》、大友義鎮《おおともよししげ》（宗麟《そうりん》）と三分し、一時は九州の北半分をその勢力下に置いた。この隆信が天正十二年、島原《しまばら》の戦いで島津・有馬《ありま》の連合軍に敗れ、一時に多くの領地と家臣を失うのである。

隆信の子政家《まさいえ》は、肥満型で病気がちであったといわれる。そのた

龍造寺隆信肖像■「肥前の熊」の異名のごとく、威厳に満ちた表情で描かれている　佐賀県立博物館蔵

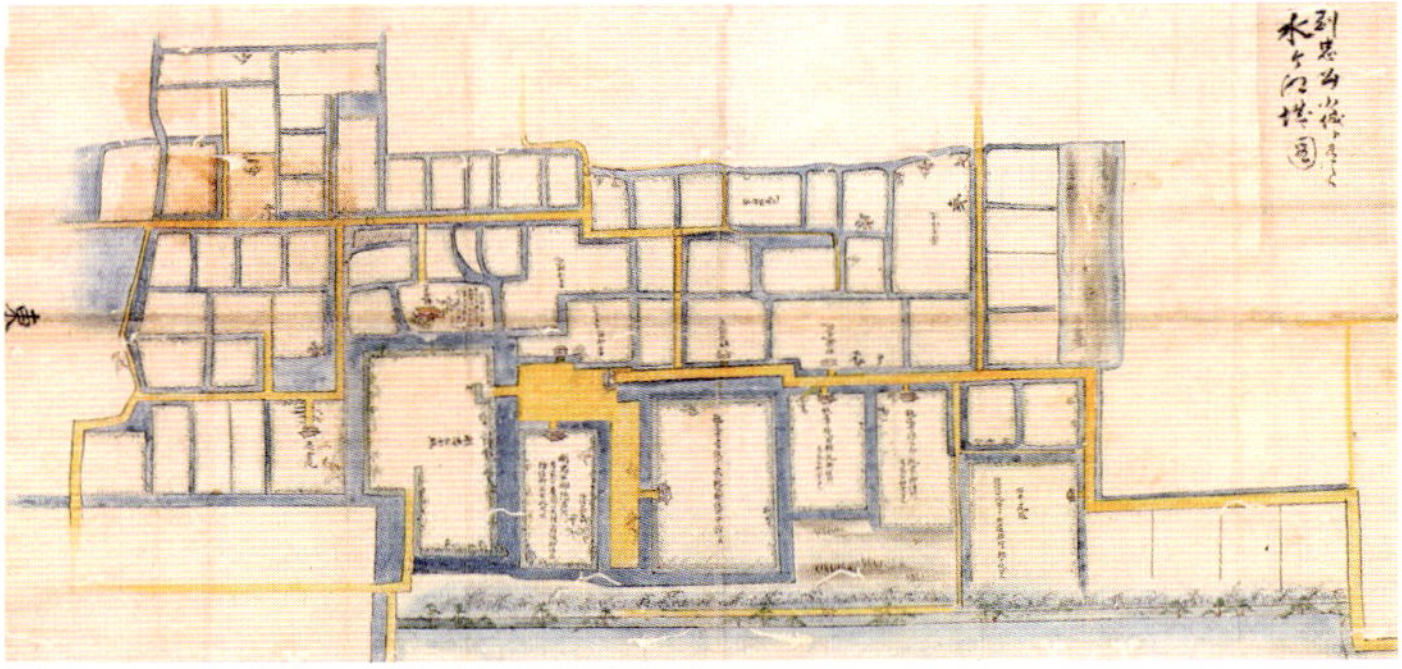

水ヶ江城古図■龍造寺氏の居城で、龍造寺家兼によって築かれた。場所は確定できないが、現在の佐賀城南堀の南側一帯と推定されている。佐賀城の築城により廃城になった　佐賀県立博物館蔵

鍋島家発祥の地■鍋島経秀が山城国から肥前国に下向し、館を構えた地と伝えられている　佐賀市御館の森

め、隆信の客将《きゃくしょう》鍋島直茂《なおしげ》が隆信と従弟であり、また義兄弟というところから、また、それまでに多くの戦功もあったので龍造寺家の後継者となり、豊臣秀吉《とよとみひでよし》の采配で隆信の嫡子政家を隠居させ、政家の嫡子高《たか》房《ふさ》を直茂の養子とし、成人するまで龍造寺氏の国政《こくせい》を助けるのであるが、慶長《けいちょう》十二年（一六〇七）の政家・高房の死去により、二年後の慶長十五年に隠居し、家督をその子勝茂《かつしげ》に譲り、勝茂を佐賀藩の初代藩主とするのである。このように、龍造寺氏から鍋島氏への勢力の交代を示すものとして、この系図を作ったものと思われる。

「葉隠《はがくれ》」の中に、江戸城で林道春《はやしどうしゅん》（羅山《らざん》）に家の由来を尋ねられた鍋島勝茂が、窮して少弐氏の出であると答え、佐賀に帰り、少弐氏の系図を所持している家臣からその系図を取り上げ、系図を作ったといういわれがある。これを裏づけるものとして、表向きの系図としての「鍋島始竜造寺系図」に対して、内向きの、鍋島家向きの系図がある。少弐教頼《のりより》が大内氏との勢力争いに敗れ、佐賀に落去して本庄《ほんじょう》村（佐賀市）の鍋島経直《つねなお》の館に身を寄せ、その間に経直の娘と結ばれ、清直《きよなお》を生み、これ

林羅山肖像■江戸初期の著名な儒学者で、歴代の徳川将軍の信頼も篤く、政治にも関与した　個人蔵

北野天満宮■北野の象徴で、鍋島の天神社は北野社を勧請したとされる　京都市上京区

を鍋島氏の先祖とするものである。

いま一つは、少弐氏の流れをくむという系図を認めながらも、清直の祖父経直の祖先が何者かというものである。

やはり「葉隠」の中に、経直のことについて述べたところがある。それによると、経直は佐々木《ささき》長岡三郎兵衛《ながおかさぶろうひょうえ》と称し、洛陽《らくよう》（京都）北野《きたの》の出であるとする。また、崇元《そうげん》という法名《ほうみょう》の人物もあげており、「鍋島御家御先祖様」には崇元を長岡伊勢守《いせのかみ》経秀《つねひで》とし、経直の父としている。これによると、経秀は佐々木高綱《たかつな》の九代の孫とし、もとは山城《やましろ》国北野に居住していたが、故あって親子して肥前に下向し、千葉《ちば》氏を頼って佐賀郡鍋島村（佐賀市）に居住した。ここにおいて、在地名をとって鍋島を称したが、のちに千葉氏をさけ、龍造寺氏を頼って佐賀郡本庄村に移ったという。

経直に男子がなかったため、少弐教頼と経直の娘との間にできた子の清直が家督を継いだ。清直の子が清久《きよひさ》で、直茂の祖父にあたるとする。経秀が佐賀に住んだことは事実らしく、小城岩蔵寺《おぎがんぞうじ》（現佐賀県小城市）の過去帳《かこちょう》に、一周忌の経会《きょうえ》のときのものらしい法名があるという。その過去帳に永徳《えいとく》四年（一三八四）と記してあることから、鍋

鍋島氏略系図

経秀―経直―（中略）―清直―清久―清泰
　　　　　　　　　　　　　　　　└清房―信房
　　　　　　　　　　　　　　　　　　　├直茂―高房
　　　　　　　　　　　　　　　　　　　│　　├勝茂
　　　　　　　　　　　　　　　　　　　│　　└忠茂
　　　　　　　　　　　　　　　　　　　├康房
　　　　　　　　　　　　　　　　　　　└信俊

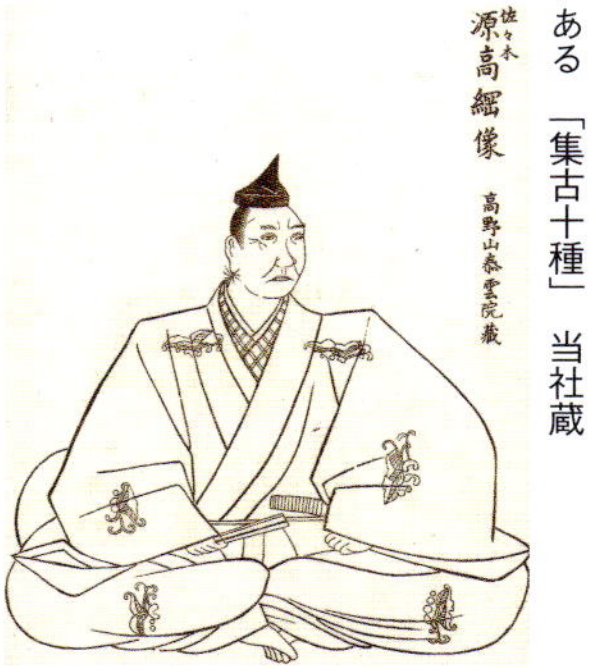

佐々木高綱■鍋島経秀の祖先との伝承がある「集古十種」当社蔵

千葉宗胤夫妻の墓■元寇の際に九州に下り、九州千葉氏の祖とされる。宗胤の孫胤泰の頃から小城を中心に肥前に勢力を広げた　佐賀県小城市

島氏は十四世紀ごろから佐賀中原に勢力を持った豪族であったことが知られるが、北野の住人で佐々木氏の流れをくむ者であるかどうかは明らかでない。

■少弐氏の没落と鍋島氏の発展■

永徳三年（一三八三）、鍋島氏の祖と仰がれる鍋島経秀が死去した。すでに述べたように、経秀は長岡伊勢守と称し、元来、山城国北野の住人であるというが、故あって、その子長岡三郎兵衛経直と千葉氏を頼って肥前国に下向した。そして、佐賀郡鍋島村に住んだので名を鍋島と改めた。鍋島村に残る天神社は、北野社の分祠《ぶんし》だという。

永徳のころ（十四世紀末）、九州探題《たんだい》勢力の衰微は、千葉氏の勢力の勃興期にもあたり、これに与《くみ》して台頭してきたのだろう。ところが経秀の子経直は、龍造寺氏を頼り、その勢力圏内の本庄村に移ったので、これから以後、本庄は鍋島氏の根拠地となる。

当時、龍造寺氏は少弐氏の被官であり、龍造寺氏のみならず佐賀平野に割拠する諸豪族は少弐氏の被官であった。これは、少弐氏が鎌倉時代以来、たびたび肥前国守護をつとめ、強固な権力的、精神的な支配関係をもっていたためである。大宰府《だざいふ》における少弐氏と大内氏の勢力争いは、明《みん》との貿易の利益をかけてのものであった。

足利義晴肖像■京都市立芸術大学芸術資料館蔵

太宰府政庁跡■日本の西の守りとして奈良時代に置かれ、九州全域を統治した。時代が下がるにつれ規模は縮小したが、中世まで存続した　福岡県太宰府市

少弐氏は、肥前守護として佐賀は勢力の地盤であり、敗れたときのよき逃避所でもあった。しかし、少弐教頼が本庄に鍋島経直を頼り、しばし難をさけ、その間、経直の娘との間に一子をもうけたことを示す史料はみつからない。少弐教頼の三男と称する清直は治部大輔《じぶたいふ》と称し、少弐政資《まさすけ》・同高経《たかつね》が大内義興《よしおき》に討たれ、少弐氏が潰滅的な打撃を受けたときは、その非を将軍家に訴えるために上洛し、諸国をうかがい帰国したという。

清直の子が平右衛門尉清久《きよひさ》で、利叟《りそう》と号している。清久が生きたころの肥前をみてみると、大宰府における少弐氏、大内氏の勢力争いはなおつづいているが、少弐氏の勢力は以前の面影はなくなり、断続的に肥前の勢力、とくに東肥前の江上《えがみ》・小《お》田《だ》・横岳《よこたけ》・馬場《ばば》という少弐氏の縁者の勢力を結集して大内氏に対抗しているという状況であった。

享禄《きょうろく》元年（一五二八）、少弐資元《すけもと》の子冬尚《ふゆひさ》は、中央政界の大内・細川《ほそかわ》の勢力争いに乗じ、細川高国《たかくに》の力添えで大宰少弐《だざいしょうに》の号をうけた。また、勢福寺《せいふくじ》城(佐賀県神埼市)に馬場頼周《よりちか》・江上元種《もとたね》を後見として勢力を築き、大宰府へ攻め上ったといわれる。これに驚いた大内義興は、将軍足利義晴《あしかがよしはる》に少弐討伐を訴えるのであるが、豊後《ぶんご》の大友義鑑《よしあき》が義晴に画策し、その許可をもみつぶしたという。

大内義興は同年冬十二月二十日に病死し、翌享禄二年春、その子義隆《よしたか》が大内氏の家督を相続する。義隆は九州における勢力拡大策をとり、杉興連《すぎおきつら》を筑前守護代に任

与賀神社の楼門■室町後期に少弐政資によって建立されたと伝わる　佐賀市

少弐神社■与賀神社境内に所在し、少弐政資を祀る　佐賀市

じ、少弐氏勢力の削減を実施した。当時、筑前にいた少弐資元は、急遽勢福寺城に帰り、肥前の諸士を集めて防戦態勢をとる。享禄三年四月、大内勢の将杉興連は、東肥前の筑紫《つくし》・朝日《あさひ》両氏を先陣《せんじん》として勢福寺城を攻めた。

　少弐親子を助ける肥前の被官の中で、水ヶ江龍造寺家兼は活発に活動し、龍造寺一族を率いて田手《たで》縄手《なわて》（神埼郡三田川）で大内勢と対戦したが、突如、鍋島清久に率いられた二、三百人の特異な姿をした軽装の一隊が、横合より大内勢を突き、これがもとで大内勢は軍列をくずし、敗れ去ったという。

　少弐冬尚は翌享禄四年、豊後の大友義鑑と連合し、杉興連を筑前立花《たちばな》城に攻め落としてしまう。少弐氏は、地元千葉胤勝《たねかつ》の名で大内勢を制するのに第一に功労のあった龍造寺胤久《たねひさ》へ佐賀郡与賀《よか》庄千町をあたえた。また、家兼は第一の功労者鍋島清久に本庄八十町をあたえ、さらに嫡男家純《いえずみ》の娘を清久の次男清房《きよふさ》に嫁がせ、以後、龍造寺と鍋島の関係を密に

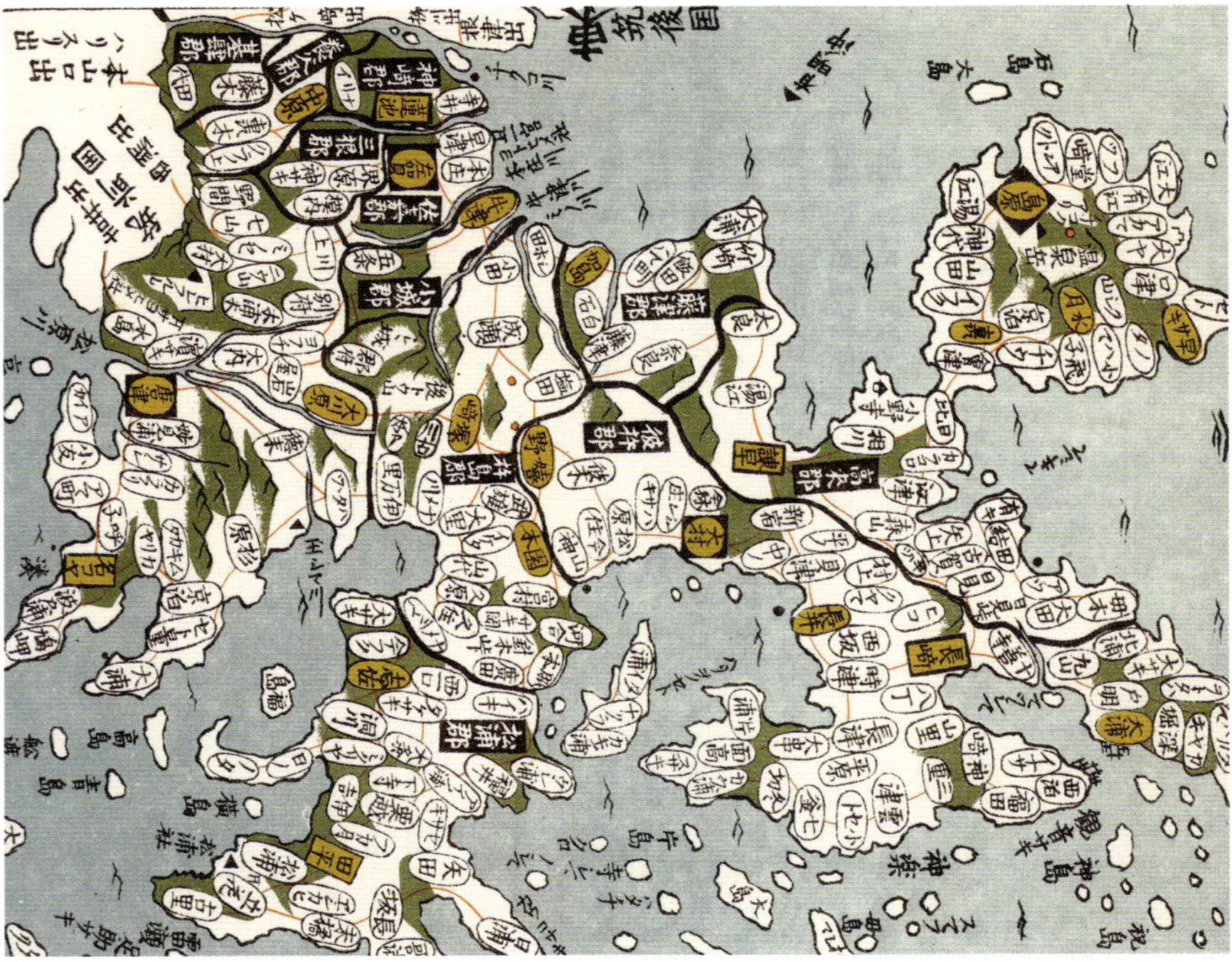

肥前国絵図■当社蔵

するのである。清久は龍造寺氏と婚姻関係を結ぶことにより、鍋島の力を揺るぎのないものにしていったのである。

天文《てんぶん》二年（一五三三）、大内義隆は再度少弐討伐を計画し、杉興連を助けて陶興《すえおき》房《ふさ》が肥前に侵入するが、七月の大雨の晩、三津山《みつやま》（神埼郡東脊振《せぶり》）において龍造寺家兼の奇襲をうけ、敗退してしまう。

天文三年十月には義隆自身、軍を肥前に進め、少弐氏討伐にあたるが、戦いは進まず、少弐氏の部下の間に策をめぐらし、天文四年には龍造寺家兼の懐柔に成功する。翌年には義隆は念願の大宰大弐となり、名分をととのえ少弐資元を多久《たく》に逐い、専《せん》称《しょう》寺《じ》において自害させる。龍造寺氏はこれ以後少弐氏のもとを去り、大内氏と結んでいく。

一方、少弐氏の徹底的な敗戦をみて、天文七年三月、豊後の大友義鑑は大内義隆と和平する。

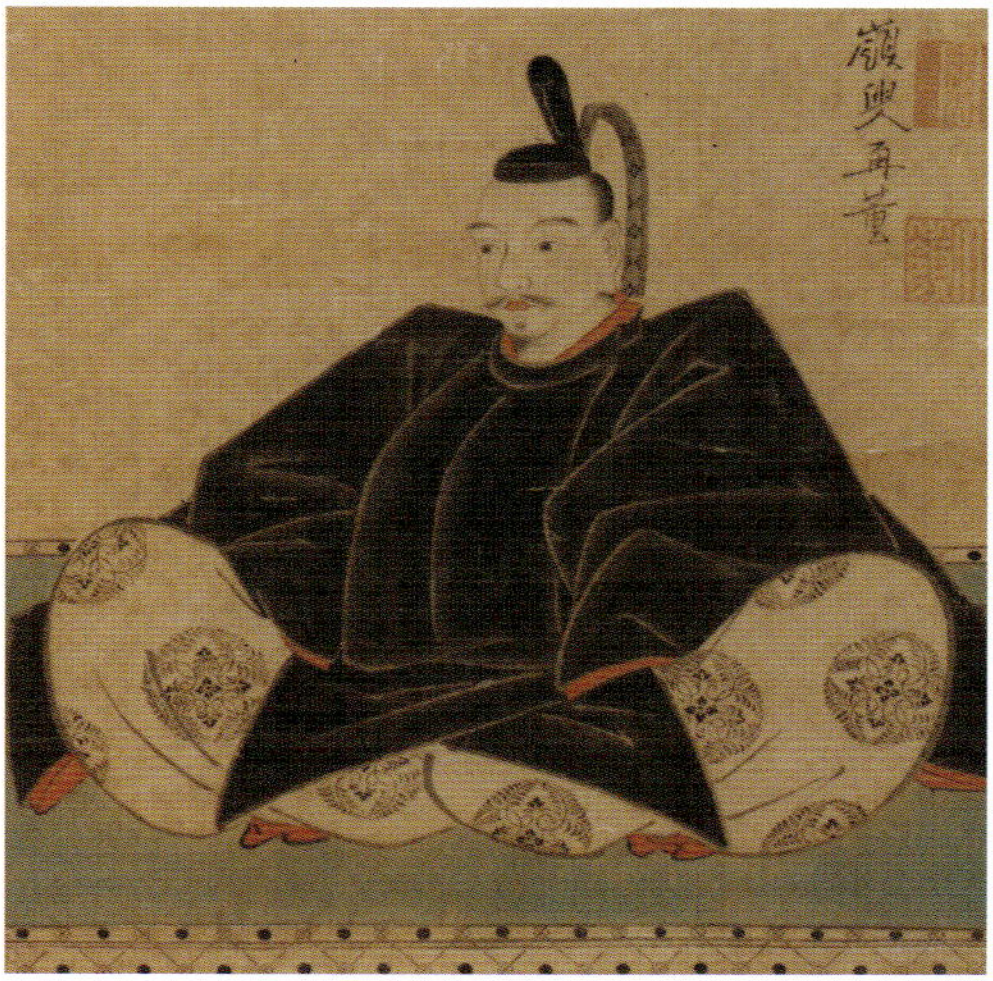

大内義隆肖像■周防・長門・石見・豊前を領国とするなど大内氏の全盛期を築くも、家臣陶隆房（晴賢）の謀反にあい自害した　山口県長門市・大寧寺蔵

与賀神社■少弐氏が創建し、後に同社を鍋島直茂が再建したとされる　佐賀市

少弐政資・資元父子の墓■佐賀県多久市・専称寺

第二章 龍造寺隆信の客将となる

■千葉胤連の養子となった直茂■

鍋島直茂は天文七年（一五三八）三月十三日、本庄の館（佐賀市）で生まれた。父は鍋島清房、母は龍造寺家純の娘である。母は、龍造寺家兼が田手縄手の戦いの後、鍋島清久の功を賞して本庄八十町と家兼の嫡子家純の娘を清房に嫁がせた、その人である。直茂は幼名を彦法師《ひこほうし》といい、十七歳にして左衛門大夫《さえもんたいふ》を称し、名を信安《のぶやす》・信真《のぶざね》・信昌《のぶまさ》・信生《のぶなり》と名乗るが、天正二年（一五七四）ごろより飛騨守信生と称し、天正十七年（一五八九）に加賀守《かがのかみ》直茂と称する。

天文十年、肥前国高来《たかき》（長崎県島原）の有馬義貞《よしさだ》は、佐賀の勢力が少弐・龍造寺・千葉と三つに分かれているのを好機として侵入しようとした。

千葉氏は、文明《ぶんめい》末年頃より大内方、少弐方と二家に分かれて争っているが、そのため三家の間に盟約を結び、三者一体化して有馬勢に当たることになった。龍造寺家兼は、家臣鍋島清房の次男彦法師（直茂）を千葉胤連《たねつら》の養子とし、少弐方の千葉氏と結ぶことになり、少弐冬尚は弟を大内方の千葉喜胤《よしたね》の養子とし、胤頼《たねより》と称させた。かくて三者は団結し、有馬勢に当たることができ、有馬勢は杵島横辺田《きしまよこべた》より東

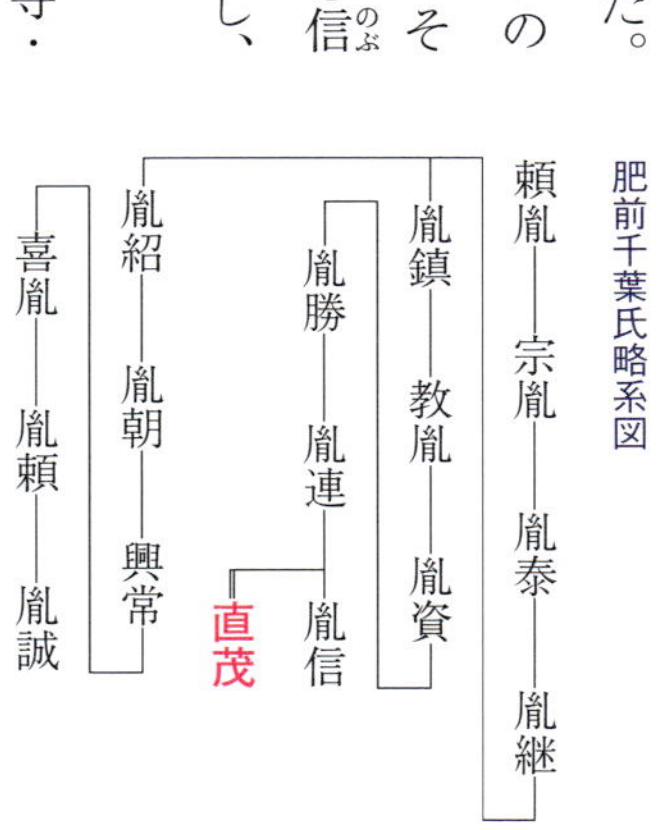

には入れず帰陣してしまう。

千葉胤連の養子になった彦法師は、後に胤連に実子ができたため、胤連とともに牛尾《うしのお》の館（小城市三里）に移り、胤連の隠居分八十町と千葉譜代の家臣を十二人あたえられた。これが直茂にとって最初の領地と家臣になった。

天文十二年、大友義鑑が大内義隆の大宰大弐任官に対して、豊後・筑後のほか肥後《ひご》国守護となり、大友氏と結ぶ少弐氏の力がふたたび回復した。

鍋島直茂誕生地（胞衣塚）■佐賀市・天継院

少弐冬尚の臣、馬場頼周は龍造寺家兼の少弐氏の離反を憎み、翌十三年に策謀し、有馬義貞と約して翌年正月に家兼の子家純・家門《いえかど》、同じく孫周《ちか》家《いえ》・純家《すみいえ》・頼純《よりずみ》・家泰《いえやす》と孫《まご》や子《こ》六人を謀殺《ぼうさつ》した。

九十二歳の家兼は筑後柳川《やながわ》（福岡県柳川市）の

千葉（小城祇園）城跡■肥前千葉氏の居城で、巨大な山城である　佐賀県小城市　写真提供：小城市教育委員会

蒲池《かまち》氏を頼り、一木《ひとつき》（福岡県大川市）に難をさけた。このとき、千葉胤連は少弐方の千葉胤頼に追われて杵島白石に落ち、彦法師も行を共にしたらしい。しかし同年四月、鍋島清久・清房の働きで、佐賀郡与賀・川副《かわそえ》・本庄の郷士の力を得て家兼は佐賀に戻り、馬場頼周を小城祇園城（千葉城。佐賀県小城市）に攻め、討ちとった。

■龍造寺隆信の台頭と直茂の初陣■

翌天文十五年（一五四六）に龍造寺家兼は死去し、孫周家の子宝琳院《ほうりんいん》の円月《えんげつ》は還《げん》俗《ぞく》して胤信《たねのぶ》と号し、水ヶ江龍造寺氏を嗣いだ。また、天文十七年には村中龍造寺胤《たね》栄《ひで》が死去したので、胤信が両家を合わせて嗣ぐことになった。胤信は天文十九年に大内義隆より一字を受け隆胤《たかたね》と名乗り、のちに隆信と名乗った。

天文二十年九月、大内義隆は、家臣陶隆房《たかふさ》の謀叛によって大寧寺《たいねいじ》に討たれた。これは大内氏に与《くみ》する龍造寺氏に影響し、大友方の龍造寺鑑兼《あきかね》を擁立する土橋栄益《つちはしひでます》は大友義鎮・少弐冬尚の力を得て、隆信を佐賀より追放した。隆信は、家兼のときと同じく筑後蒲池氏の世話で一木に隠れ、鍋島清房は隆信と行を共にした。この年、彦法師は千葉家を離れて佐賀に帰っているが、佐賀に隠れ住んだか、父清房と行を共にしたかはわからない。

天文二十二年七月、隆信はふたたび与賀・川副の郷士の助けで佐賀に戻り、土橋

（右）龍造寺隆信の誕生地■龍造寺氏の居城水ヶ江城で生まれたため、同城の所在推定地に建てられている　（左）隆信の誕生地の横に建てられた碑　ともに佐賀市

栄益を討った。天文十四年と天文二十二年、二度にわたって家兼と隆信を助けた与賀・川副・本庄の郷士は、「一領一本《いちりょういっぽん》」といわれ、簡単な防具をつけ、鑓一本をもって随時戦闘に参加する農民的武士である。当時はなお、武士と農民の階級分化がおこなわれず・戦闘のときは彼らが動員され、主力になった。

隆信は佐賀を中心に勢力を広げていき、土橋栄益にまつりあげられていた龍造寺鑑兼を筑後に逐った。さらに八月には八戸宗暘《やえむねちか》を八戸城（佐賀市）に攻め、神代勝利《くましろかつとし》の仲介で北山山内に落とし、さらに十月には蓮池城（佐賀市）の小田政光《まさみつ》を攻め降ろした。この戦闘で、直茂は十六歳で初陣をとげ、これ以後、たびたび戦場に立ち、みずから十七度も鑓をふるったといわれる。

天文二十三年春、隆信は西高木《にしたかぎ》（佐賀市）に軍を出し、高木鑑房《あきふさ》を杵島に逐い、杵島の郷士前田《まえだ》伊《い》予守《よのかみ》に殺害させた。このとき直茂は、左衛門大夫と名乗り参戦している。

翌弘治元年（一五五五）三月には勢福寺城に少弐冬尚を

龍造寺氏略系図

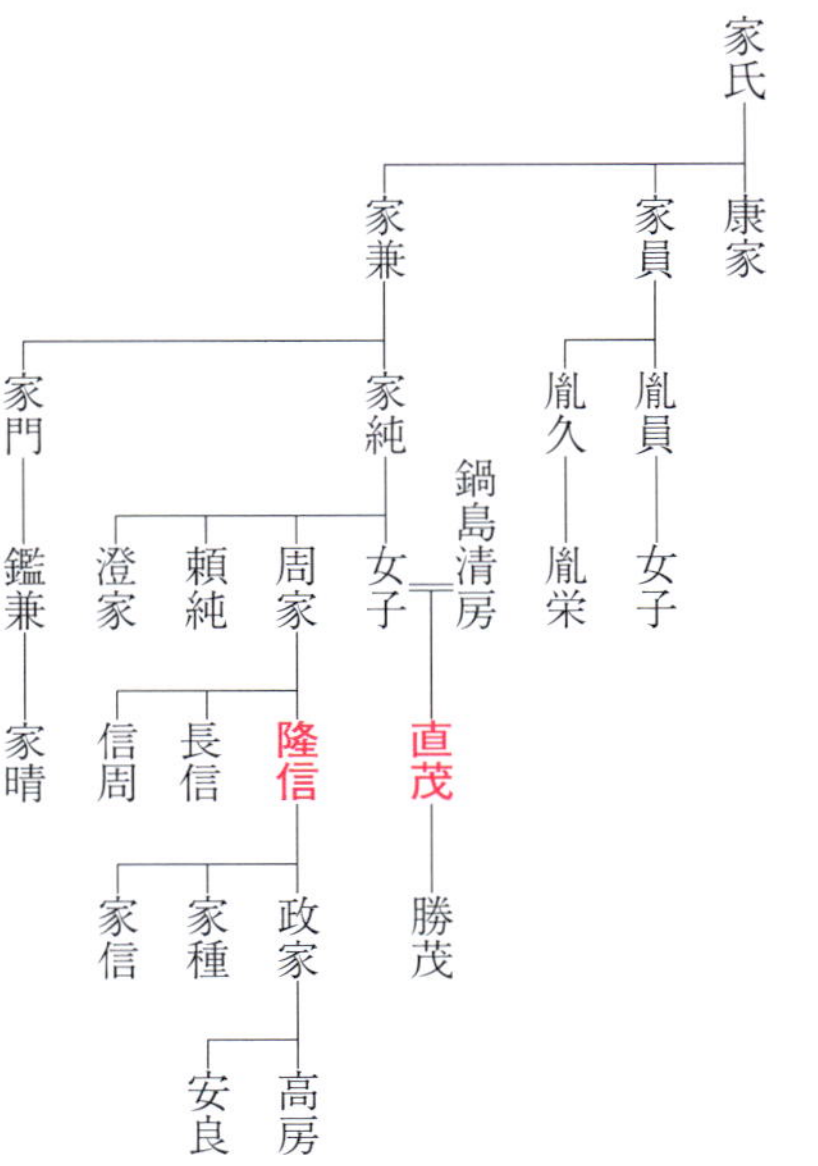

大内義隆の墓■山口県長門市・大寧寺

蓮池城跡■小田氏の居城で、近世には蓮池藩の陣屋が置かれた　佐賀市

攻めるが、冬尚は三根《みね》（三養基郡《みやき》）の西島城にあり、留守番の江上武種《たけたね》を攻めるため、蓮池城の降将小田政光を先陣にし、奮戦させて武種を落去させた。

九月には、北山山内（佐賀市・神埼郡）を根拠地とする神代勝利を谷田《たにだ》城に攻め、筑前糸島《いとしま》の原田了栄《はらだりょうえい》のもとに落去させた。神代勝利は＊武内宿禰《たけのうちのすくね》の子孫といい、佐賀北部山岳一帯の山間民を支配下に置き、筑前と肥前を結ぶ三瀬《みつぜ》峠（神埼郡）をおさえ、山岳という地利のもとに龍造寺氏に根強い反抗を示している。

弘治《こうじ》二年（一五五六）、すでに寡婦《かふ》であった隆信の母慶誾《けいぎん》は、有力家臣鍋島氏と婚姻関係を結び、龍造寺の勢力を確固たるものにしようと、直茂の父清房がひとり身であるのを幸いに嫁ぎなおし、隆信と直茂を兄弟として、直茂に隆信の補佐を勤めさせようとした。龍造寺および鍋島氏の勢力が伸張する一つの背景として、慶誾の行為をあげなければなるまい。

■隆信と激戦をくりひろげた宿敵神代勝利■

弘治三年（一五五七）正月、神代勝利は隆信の置いた代官を逐い、ふたたび山内に帰った。龍造寺隆信は、勝利の復帰により八戸に帰った八戸宗暘をふたたび攻め、九月には金敷嶺《かなしきみね》（佐賀郡）で勝利と戦うが敗れ、老臣小川信房《おがわのぶふさ》の戦死もあり帰陣した。

翌永禄元年（一五五八）、龍造寺隆信・神代勝利・江上武種は、河上《かわかみ》神社（佐賀市

慶誾寺■龍造寺隆信の母慶誾尼が葬られている。もとは龍長院といい、鍛冶屋村（佐賀市東与賀）にあったが、慶誾が慶長三年（一五九八）に現在地に移したという　佐賀県佐賀市

＊武内宿禰■古代の伝説上の人物で、景行・成務・仲哀・応神・仁徳の五代の天皇に仕えたとされる。古代氏族の蘇我氏や紀氏、葛城氏などの祖となったともいう。

大和町）に三者が協力して肥前に平和をもたらすことを誓うが、翌年、隆信は少弐冬尚を勢福寺城に攻め殺し、中世的権威を実力をもって否定し、葬り去ると同時に、江上武種を筑後に逐ったのである。少弐氏を討つことは、肥前にいるその被官全部を敵にまわすことになる。それを計算に入れての戦いであることを考えれば、龍造寺氏がそれだけの実力者に成長したことを示す。

ここに、佐賀中原において龍造寺隆信を直接脅かす勢力は、北山山内の神代勝利となった。

永禄四年九月、隆信は勝利と川上（佐賀市）で合戦をし、八千余りの軍勢を率いて勝利を降したが、十二月にはふたたび山内を回復されてしまい、ついに和睦して人質を交換している。

少弐冬尚の弟政興《まさおき》を、肥前における龍造寺氏に対抗する勢力にしようと画策する大友義鎮は、高来の有馬義貞と上松浦《かみまつら》の波多親《はたちかし》に意を含め、彼杵《そのぎ》方面には有馬義貞・大村純忠《おおむらすみただ》・平井経治《ひらいつねはる》など、多久方面には波多親・多久宗利《むねとし》などが陣を張り、西方より竜造寺勢に迫った。

隆信は、丹坂《にさか》口（小城市小城町）に兵をむけ一戦に勝ち、横辺田（杵島郡江北町）へ進んで平井経治の須古《すこ》城を攻めるが、かえって敗れてしまった。直茂は、「槍を以て敵を突き退け、味方を助けて戦われしが畔《あぜ》に躓《つまず》き逆に倒る」ように活躍し、窮地におちいり、友軍に助けられて退いている。

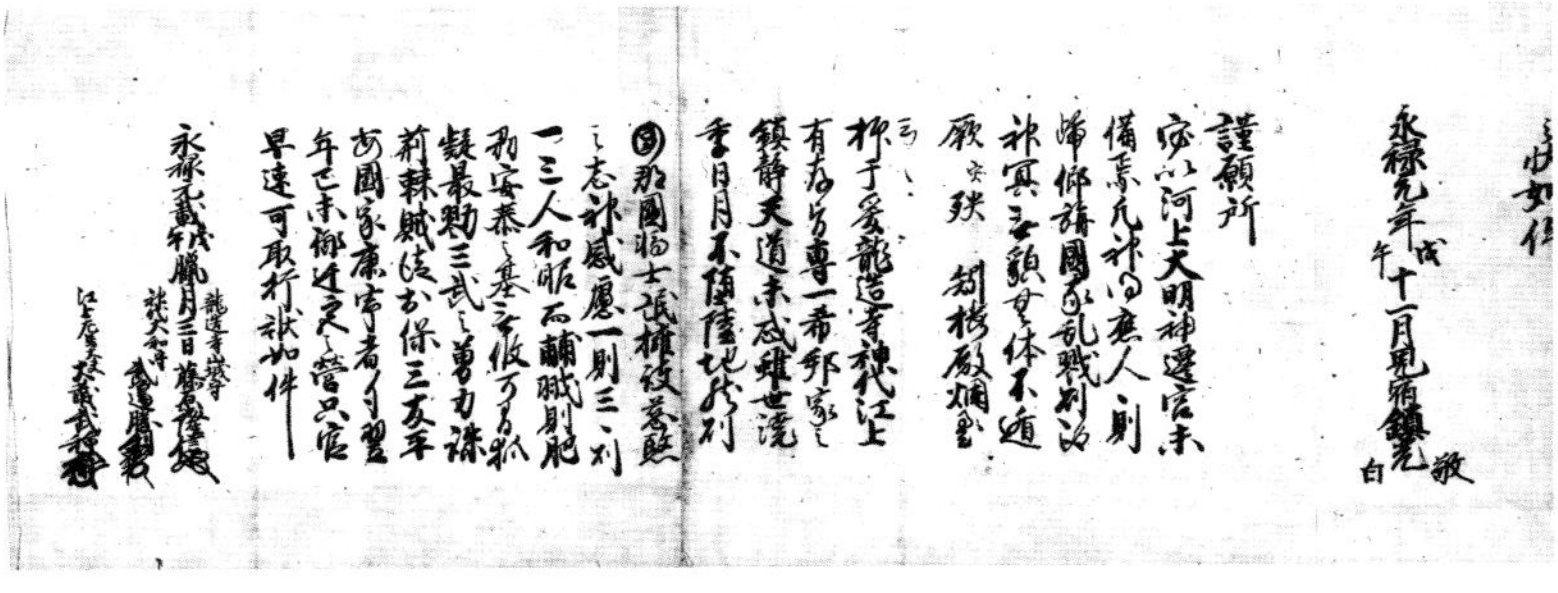

永禄元年十二月付け龍造寺隆信・神代勝利・江上武種連署願文■河上神社文書　与止日女神社蔵　佐賀県立図書館寄託

永禄七年二月、隆信は敗軍の痛手を回復し、直茂などを先陣にし、再度平井経治の須古城を攻めるが、城を落とすことができずに和平した。しかし、このときの直茂の奮戦はめざましく、「己が一手を以て先陣より先に進み、城の大手北の縄手にて城兵を切立て、敵の馬廻りかと見えたる一勢を城中に追籠る」活躍をし、友軍の目をみはらせた。同年三月、隆信は軍を返し、少弐氏の遺臣で大友氏と連絡をとる三根西島（三養基郡）の横岳鎮貞《しげさだ》を攻めたものの、ここでも鎮貞を破ることができず、帰陣した。

■大友親貞を討った今山の夜襲■

永禄八年（一五六五）三月、宿敵神代勝利が死去したのに乗じ、嫡子長良《ながよし》を山内より筑前岩門《いわかど》に逐うが、ふたたび回復されてしまう。こうして隆信は、東方に大友氏と結ぶ少弐の遺臣江上・横岳・小田、北方山岳に神代長良、西方に波多親・草野《くさの》鎮永《しげなが》、南方に有馬・大村・後藤・平井などに囲まれ、これらに備えるうちに、永禄十二年に大友宗麟の侵入を受けるのである。

宗麟は、すでに天文二十三年（一五五四）に将軍足利義輝《よしてる》より肥前守護の任命を受けており、肥前国平定のために肥前に攻めてきたのである。正月に丹生島《にう》（大分県臼杵市）を出陣した宗麟は肥筑征伐を志し、筑後高良山《こうらさん》（福岡県久留米市）に着陣

須古城跡■少弐氏一族の平井氏の居城。平井氏の滅亡後は龍造寺隆信が隠居した際の居城となり、隆信の討ち死に後は、弟信周の居城となった　佐賀県杵島郡白石町

した。そして戸次鑑連《べっきあきつら》・臼杵鑑速《うすきあきはや》・吉弘鑑理《よしひろあきさと》の三奉行に三万余りの軍勢をつけ、三月肥前に侵入させた。

当時、佐賀城中に三千余りの軍勢しか持たなかった隆信は、評議をし、筑後の士の仲介で降服するか、筑後へ落ちるか、討ち死にするかと三つの案が出ているところ、直茂は毛利勢が来援するまで死守しようと「刀を抜き、畳を斬て誓」ったので、隆信も同意し、衆議一決したという。

このときの直茂の表情は、「平生は御詞《おことば》和《やわ》らかに、嬰児《えいじ》も近付け安くけれ共、御風情替て御詞あらあらしく御顔色赤くならせ給う」とあり、直茂の性格の一面が知られる。

大友宗麟肖像■実名は義鎮。豊後を中心に勢力を広げ、最盛期には六ヶ国を支配し、龍造寺・島津と九州を三分した　東京大学史料編纂所蔵模本

隆信は、大内義隆滅亡後は大内義長《よしなが》と結び、義長の討ち死に後は毛利元就《もうりもとなり》と結ぶが、元就は隆信のために兵を動かすことに積極的ではなかった。

そこで、隆信・直茂らは妻子を縁者に預け、決死の覚悟をきめ、少勢をもって多布施《たふせ》・大宝《おおたから》・三《みつ》

神代勝利の墓■佐賀市・宗源院

足利義輝肖像■京都市立芸術大学芸術資料館蔵

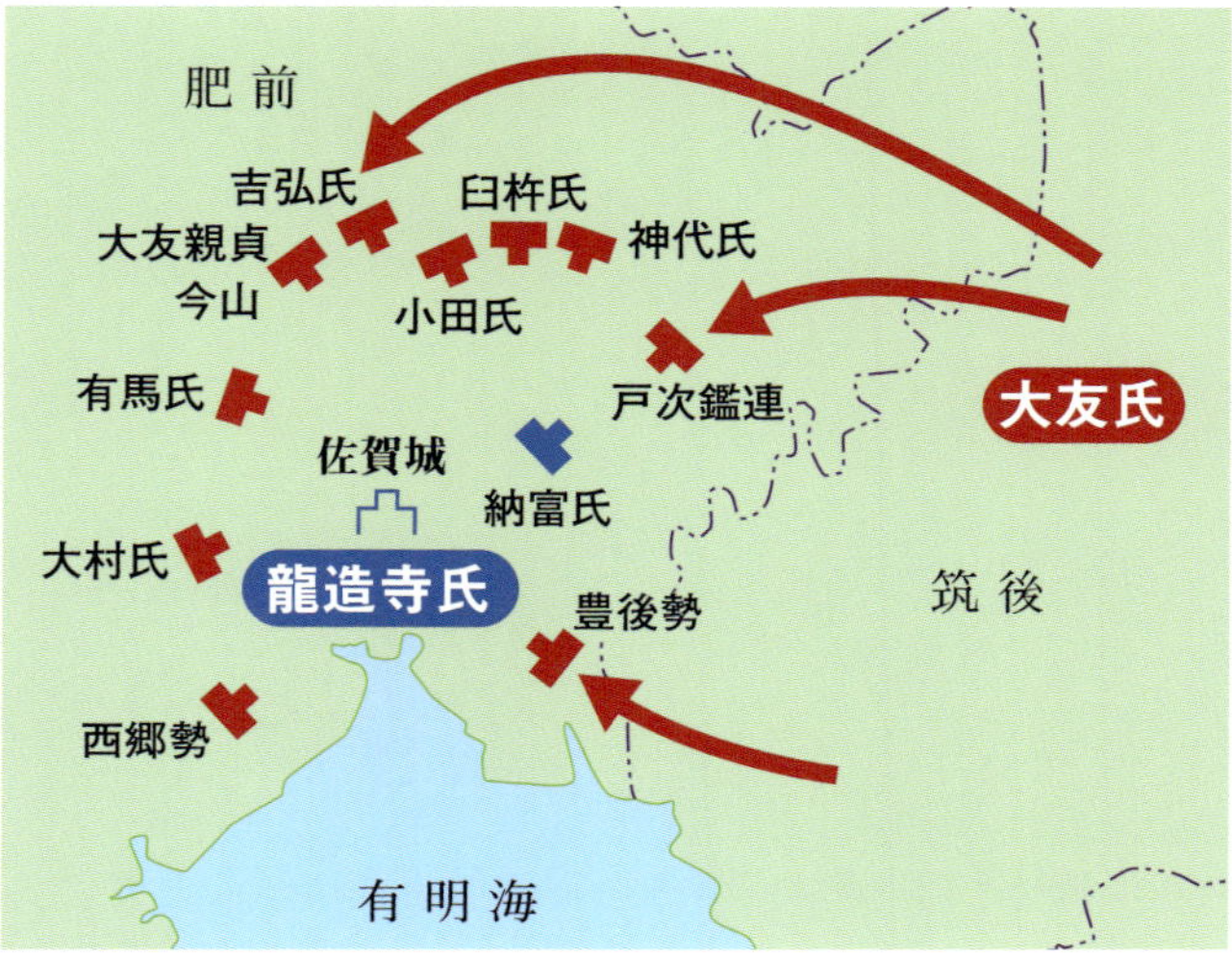

図1　今山の戦い要図

溝《みぞ》で戦い、ついに四月に和平を結んで人質を出したため、豊後勢は筑後に退いた。このとき直茂は、妻の父である高木胤秀《たねひで》が豊後勢に加担したため妻を離縁し、まもなく石井《いしい》常延《つねのぶ》の娘を妻とした。これが陽泰院《ようたいいん》である。

元亀元年（一五七〇）三月、宗麟はふたたび出勢し、八万余りの軍勢で龍造寺の佐賀城を囲む。直茂は兄信房らと城内東の大手に陣をとり、たびたび出陣して高尾口《たかお》（佐賀市）で戦った。

一方、宗麟は勝敗を一挙に決しようと、弟親貞《ちかさだ》に三万余りの軍勢をつけて出陣させた。八月十八日、親貞は軍を佐賀北方の今山《いまやま》（佐賀市）に移し、二十日を期して佐賀城へ総攻撃をかけようとした。ところが直茂は、十九日の夜に六百余りの軍勢で今山を奇襲し、親貞を討って豊後勢を敗退させた。直茂の提案によるこの夜襲が佐賀城内で決するには、慶誾の強い

上飯盛八幡宮■直茂の妻陽泰院の生誕地で、直茂の誕生地のすぐ近くに所在する　佐賀県佐賀市

大友親貞の墓■佐賀県佐賀市

助言があり、そのため隆信は納得し、直茂の出陣となったという。

　鍋島氏は田手縄手の戦い、今山の夜襲と二度にわたり龍造寺氏の危機を救った。直茂はこの勝利により、竜造寺家臣中に次第に地位を築くのである。ときに直茂は三十三歳であった。また、八月二十日には帰陣まもなく多久梶峰《かじみね》城に小田鎮光《しげみつ》を攻め、隆信の子女を連れ帰った。

　親貞の軍のほかは無傷であったが、宗麟は筑前の毛利氏の動きを憂《うれ》い、九月には織田信長《おだのぶなが》の和平折衝もあり、十月に和平を結んで豊後に帰陣した。豊後勢の肥前侵入に際して小勢の佐賀勢がよくもちこたえたのは、多数の鉄砲を使用したためであるといわれる。今山夜襲にも百余挺の鉄砲が使われたという。

　元亀二年春、隆信は直茂らを先陣に勢福寺城に江上武種を攻め、隆信の次男を武種の養子にして和議を結んだ。夏には少弐・大友氏の息の強い東肥前に出馬し、土《ど》肥《い》・坊所《ぼうしょ》氏を降した。そして直茂の仲介で、北山山内の神代長良は隆信に起請文《きしょうもん》を提出し、ついに抵抗をやめる。翌年の三月には再度東肥前に出馬し、筑紫・横岳氏を降し、四月には蓮池城の小田鎮光・朝光《ともみつ》兄弟を誘殺し、佐賀中原における諸勢力を、大方麾下《きか》にくみいれてしまった。

　佐賀中原を平定した隆信は、中央権力との連絡提携を志し、直茂と僧芳叔《ほうしゅく》を長州山口に遣わし、毛利氏の手を経て将軍足利義昭《よしあき》に通聘したという。天正元年（一五七三）七月、義昭は信長により京都から追放され、紀伊由良《ゆら》にいた。このこ

三蔵塚■今山の戦いで敗れ、討ち死にした大友三蔵の霊を慰めるために建立された　佐賀県佐賀市

勢福寺城跡■一色氏によって築城されたが、一色氏が没落すると少弐や大友、龍造寺等の手に渡った。最後は龍造寺隆信の息江上家種が城主となったが、蒲池城に移ったことにともない廃城となった　佐賀県神埼市

ろ龍造寺氏は、毛利氏とともに反織田勢力に加わっていた。

肥前国内を統一する

天正二年（一五七四）正月、隆信は肥前国内統一へとふみだす。まず、上松浦の草野鎮永を鏡《かがみ》城（佐賀県唐津市）に攻め、筑前高祖《たかす》（福岡県糸島市）に逐った。さらに、高祖に鎮永と原田了栄を攻め、人質をとって和議を結んだ。このとき、上松浦の領主波多親は隆信の軍門に降り、北山の神代長良も案内をつとめて臣下の義務をはたしている。

八月には軍を返して白丹田《しろにた》（杵島郡）に着陣し、平井経治を須古城に攻め、直茂の奇襲により須古勢を久津句島に破った。進んで、直茂は須古《すこ》城の経治を討つために調略をおこない、経治の弟直秀《なおひで》を味方にし、直秀は一時経治を逐うものの逆襲をうけ、須古城も回復されてしまう。

十一月、隆信は一万余りの軍勢で須古城を攻め、直茂と広橋一祐軒《ひろはしいちゆうけん》を先陣として一ヵ月を費やし落城させ、龍造寺信周《のぶちか》を須古城に入れた。また、塚崎《つかざき》城主後藤貴明《たかあき》は、実子晴明《はるあき》が生まれたため養子惟明《これあき》と争い、隆信に助けを求めて惟明を逐うが、翌年反逆したため隆信に攻められ、隆信の三男家信《いえのぶ》[*1]を養子にして和平を結んでいる。

天正三年、隆信は高来の有馬氏攻略を前にして須古城を普請《ふしん》し、その前進基地と

日野江城跡の石積み■有馬氏の居城で、江戸時代には島原藩の陣屋が置かれた。石積みのほか、空堀などの遺構が残っている　長崎県南島原市

＊1後藤家信■龍造寺隆信の三男で、後藤氏に養子入りし家督を嗣いだ。隆信の重臣として活躍したが、隆信の敗死後も家は存続し、龍造寺の血脈を伝えた。家信はキリシタンとしても知られる。

して、東肥前の横岳・馬場などの少弐氏の旧臣を所替えし、背後の備えをかためている。翌四年二月、浪人の犬塚《いぬづか》・徳島《とくしま》を先陣とし、直茂と兄信房がそのあとに備え、藤津《ふじつ》横造《よこぞう》城（佐賀県鹿島市）に有馬義貞・義直《よしなお》を攻め、藤津郷士の宇礼志野《うれしの》・原《はら》・吉田《よしだ》らの加勢もあって、有馬氏を高来に逐った。直茂は、乱戦中に足の踝《かかと》を切られて負傷したという。隆信は、有馬氏の去ったあと、鹿島に直茂の兄鍋島信房を置き、有馬氏の逆襲に備えさせた。

天正五年六月には下松浦に出勢し、平戸《ひらど》の松浦鎮信《しげのぶ》、伊万里《いまり》の山代虎王丸《やましろとらおうまる》、有田《ありた》の松浦盛を降し、次いで直茂と勝屋《かつや》勝一軒《しょういっけん》の先陣で大村純忠[*2]を攻め、人質をとって和平した。このとき、直茂は苦戦する勝一軒を、隆信の援兵命令にそむいて援兵せずに他所を攻めたという。勝一軒は大内氏の旧臣で、当時、隆信の側近くで威を振るっていたといわれる。

十月には伊佐早《いさはや》（諫早）に西郷純堯《さいごうすみたか》を攻め降し、十二月から翌年三月にかけて高来に出勢し、宿敵有馬氏を攻め、人質をとり、有馬義直の娘を隆信の嫡子政家《まさいえ》の室とし和平している。ここにおいて隆信は、肥前国内の大方を統一をなしとげることに成功した。

＊2大村純忠■有馬晴純の子で大村純前の養子になり、家督を嗣いだ。有馬義貞・松浦盛は兄弟、後藤貴明は養父純忠の子である。キリシタンとしても知られ、天正遣欧少年使節を派遣したことは著名である。

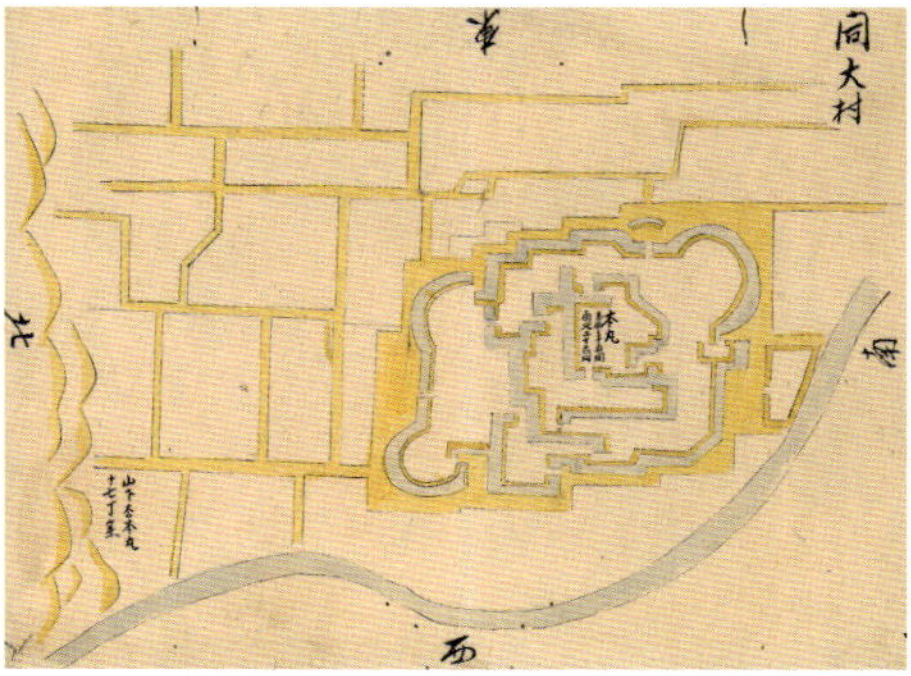

「近世城図」に描かれた大村（玖村）城■キリシタン大名としても知られる大村純忠の子喜前によって築かれた。大村湾に着き出した半島の先端に築かれた平山城で、堀はすべて海を利用している　当社蔵

■筑後・肥後への侵入■

天正六年（一五七八）十一月、大友宗麟は伊東義祐《いとうよしすけ》を助けて日向耳川《ひゅうがみみがわ》（宮崎県木城町）で島津義久《よしひさ》と戦い大敗を喫するが、この機に乗じて、隆信は大友氏の勢力下にあった筑後へ、直茂を先陣として二万余りの軍勢で侵入する。

このため、田尻鑑種《たじりあきたね》・蒲池鎮並《しげなみ》・豊饒《ぶにゅう》鎮《しげ》連《つら》・草野鎮員《しげかず》ら筑後の士は隆信に降るが、肥後辺春《へばる》城の辺春親行《ちかゆき》は河崎鎮堯《かわさきしげたか》の助けを得て反抗し、かえって佐賀勢を破ったので、隆信は軍を筑前へ転じ、秋月種実《あきづきたねざね》・筑紫広門《ひろかど》を案内者として戸次道雪《どうせつ》の岩屋《いわや》城、高橋紹運《たかはしじょううん》の宝満《ほうまん》城を攻めようとするが、堅城にはばまれ、むなしく佐賀に帰陣する。このとき、筑紫広門は直茂の人物をみこんで、子増門《ますかど》を直茂の軍につけたという。

筑後国絵図■当社蔵

翌天正七年三月にふたたび筑後に侵入した隆信は、田尻鑑種・蒲池鎮並を先陣にし、直茂らは三池鎮実《みいけしげざね》を古賀《こが》城に攻め、鎮貴を大雨の中に追う。さらに下旬には肥後に侵入し、田尻鑑種を介して和平工作に失敗した小代宗全《しょうだいそうぜん》を梅尾《うめお》城（熊本県荒尾市）に攻め、直茂は奮戦して梅尾城下に放火し、宗全を降伏させた。

五月には和仁親実《わにちかざね》を和仁城（熊本県和水町）に攻め、田尻鑑種・直茂・小川信俊《のぶとし》（直茂の弟）が先陣となって奮戦し、火矢と鑑種の計略により落城させた。しかし、隈府《わいふ》（熊本県菊池市）への侵入は国人《こくじん》の強い反抗にあい失敗し、八代《やつしろ》（熊本県八代市）の赤星統家《あかほしむねいえ》攻めは軍議が定まらず、中止して筑後に帰陣する。

六月には、田尻鑑種を先陣にして筑後山下《やました》城主蒲池鑑広《あきひろ》を二万三千余りの軍勢で攻めたが、要害堅固で武器弾薬や兵粮が豊富であったため、小勢を残して他に軍をまわし、高良山座《ざ》主《す》麟圭《りんけい》・川崎鎮貴・黒木実久《くろきさねひさ》らを降し、人質をとった。一方、肥後八代の赤星統家は、佐賀の使者の説得で十歳の子供を人質として和を乞う。十一月にいたり、東筑後で行動していた豊後大友勢の退陣に蒲池鑑広は力を落とし、次男鎮行《しげゆき》を人質として隆信に降った。

この結果、隆信は高良山に陣をうつし、肥後高瀬（熊本県玉名市）に龍造寺家晴《いえはる》、肥後小代（同県荒尾市）に土肥家実《いえざね》、筑後酒見《さかみ》（福岡県大川市）に直茂を置き、筑後・肥後の鎮《おさえ》とした。これにより、隆信は一年余りで筑後と肥後の一部を支配下に置いたのである。

（右）和仁親実石像　（左）和仁城跡■田中城とも。和仁氏の居城で、空堀や曲輪など、遺構がよく残ってる。後述する肥後国人一揆の際に、最後まで抵抗した城でもあった　ともに熊本県和水町

直茂の酒見移転は、奉行勝屋勝一軒の讒言《ざんげん》により、隆信はこのころより直茂を疎《うと》み遠ざけ始めたためだといわれる。直茂はこのとき、領地を継子[*1]納富能登守《のうとみのとのかみ》にあたえ、居館、組を弟[*2]小川信俊にあたえて酒見へ乗りこんでいる。しかしこれは、隆信が直茂を憎んだというのではなく、佐賀東方の関所ともいうべき柳川・酒見の地域は、筑後・肥後経営の重要な場所なので、功臣直茂を鎮として置いたとみるべきだろう。この結果、直茂を龍造寺家臣団における半独立的な勢力に成長させ、直茂を中心として、新しい強い主従関係をつくることになったと考えられる。

この年の冬、神代長良は直茂を「智勇具《そなわ》りて、仁愛深し」とみて養子縁組を望み、直茂にはいまだ男子がなかったため、弟小川信俊の三男を養子にしている。

■蒲池鎮並の反乱を鎮圧■

隆信は、肥前はもとより筑前・筑後・肥後と大友氏の勢力圏を奪い取り、一大勢力を築き、ようやく薩摩の島津氏と対立するようになる。

天正八年（一五八〇）正月には、山口の毛利氏に使者を遣わし、将軍足利義昭・毛利輝元《てるもと》と結び、大友氏・島津氏を牽制した。ところが、ここで隆信の支配体制の弱さを暴露することが起こる。二月、柳川城主蒲池鎮並は隆信の処遇を快《こころよ》しとせず籠城し、隆信の嫡子政家が二万余りの大軍によって囲むが降伏せず、かえって助

柳川城の堀跡■筑後の蒲池氏の居城で、堅城として知られる。蒲池氏の滅亡後は、鍋島直茂や龍造寺家晴が入り、近世には立花家の居城となった　福岡県柳川市

「英名百雄伝」に描かれた毛利輝元■当社蔵

けを大友氏に求めた。四月、政家は一軍に柳川城を囲ませ、肥前・筑後・肥後の軍勢を率いて、海陸より肥後隈部《くまべ》城（熊本県山鹿市）に赤星親隆《ちかたか》を攻め落とす。

一方、豊後の大友宗麟は、臼杵鎮富《しげとみ》と小佐井《こざい》鑑直《あきなお》を筑前荒平《あらひら》・鷲岳《わしたけ》両城に入れ、佐賀勢の内野《うちの》・飯盛《いいもり》・飯場の支城を攻めようとしたため、五月、隆信は政家に佐賀を留守させ、龍造寺家晴を肥後の監視として置き、小川信俊らを先陣にし、筑前糸島・肥前北山・筑前岩門の三方より四万三千余りの軍勢で筑前に入って荒平城（福岡市）を攻め、隆信は「知レ難而退くは軍の庸也」といって遠攻めにするも、六月下旬には直茂の仲介で臼杵鎮富を落去させた。

七月、隆信は博多にとどまって背後を守り、弟龍造寺信周《のぶちか》を軍監として豊前に侵入させ、豊前西南部九郡を大友氏より切り取った。秋には博多に代官を置き、内野・荒平・柑子《こうし》・飯盛・鳥飼《とりかい》に番代《ばんだい》を置き、隆信は佐賀に帰陣する。直茂は、豊前においては十分な働きもなく、酒見に帰陣したが、十一月には、直茂のはからいで田尻鑑種の仲介を得て、蒲池鎮並が籠城をといた。

＊1納富能登守■母陽泰院が直茂と結婚する前に嫁いでいた納富信澄との間の子。祖父信景は龍造寺氏の家老をつとめた。

＊2小川（河）信俊■直茂の弟。龍造寺隆信の重臣小川信安が神代勝利との戦いで討ち死にすると、隆信の命で同家を嗣いだ。島原の戦いで戦死する。

慶誾寺の手水鉢■隆信が柳川城攻略の戦利品として持ち帰ったとされる。後に母慶誾の追善菩提のために同寺に寄進したという　佐賀県佐賀市

第三章

揺れる龍造寺家

■嫡子勝茂の誕生と隆信の隠居■

天正八年（一五八〇）十月には直茂に男子が誕生し、伊勢松《いせまつ》といった。のちの信濃守勝茂《しなののかみかつしげ》である。これは、直茂が四十三歳のときであった。なお、それまでは男子がなかったため、天正のはじめころ、石井信忠《のぶただ》の嫡子太郎五郎《たろうごろう》（鍋島平五郎茂里《しげさと》）を養子にしていた。

龍造寺隆信は、この年五十二歳になり須古城に隠居し、嫡男政家が家督を嗣いで佐賀城に入った。後見は直茂の父清房、補佐は叔父龍造寺信周、国相は龍造寺家就《いえなり》と納富信景《のぶかげ》であり、直茂は筑後酒見にあった。

隆信は、このころ五州二島の太守といわれ、ようやく驕《おご》りが生じ、須古城においての生活は詩歌《しいか》・舞楽《ぶがく》・猿楽《さるがく》を催し、名僧の説法《せっぽう》・法談《ほうだん》を聞き、ついには歌舞伎《かぶき》を催し、美女を集めて呂律《りょりつ》の調べのもとに踊らせ、世に須古踊《すこおど》りと称した。

隆信の隠居のころに作成されたと思われる、「五ヶ国配分帳」という冊子の写しが今日伝わっている。五ヶ国とは、五州二島の太守という隆信の名称からきている。これによると、上下松浦、高来、彼杵を除く、いわゆる龍造寺氏の直接支配権内は

妻山神社■社域は中世の妻山城と伝わり、龍造寺信周が慶長十二年（一六〇七）に神殿を再建したと伝わる。写真の鳥居は、明暦五年（一六五八）に鍋島茂俊が寄進したもの　佐賀県白石町

所替えをおこない、有力家臣を五百町程度の所領に基準づけ、再編成をおこなっていることがわかる。また、有力家臣の三分の一は龍造寺一族であった。

　隆信の遺言状《ゆいごんじょう》といわれるものが書かれたのも、このころと思われる。これは、隆信より三男後藤家信へあたえられたもので、直茂（飛騨守）のことを政家（鎮賢《しげとも》）の補佐として重く考えていたことがわかる。この点からも、直茂の筑後酒見移転は筑後・肥後経営に功臣をあてたということであり、隆信自身は須古において高来の有馬氏を牽制し、東西の守りをかため、佐賀の政家を守ったものと思われる。

鍋島勝茂肖像■公益財団法人鍋島報效会蔵

■動揺する龍造寺家中■

　天正九年（一五八一）五月、柳川城の蒲池鎮並が前年末より島津氏に通じていたことを知った隆信は、猿楽興行による須古招待にことよせ、佐賀与賀宮前の馬場で騙《だま》し討ちにした。この事件は、今後の龍造寺氏の筑後・肥後経営に大きな支障をきたすことになる。すなわち、隆信の施

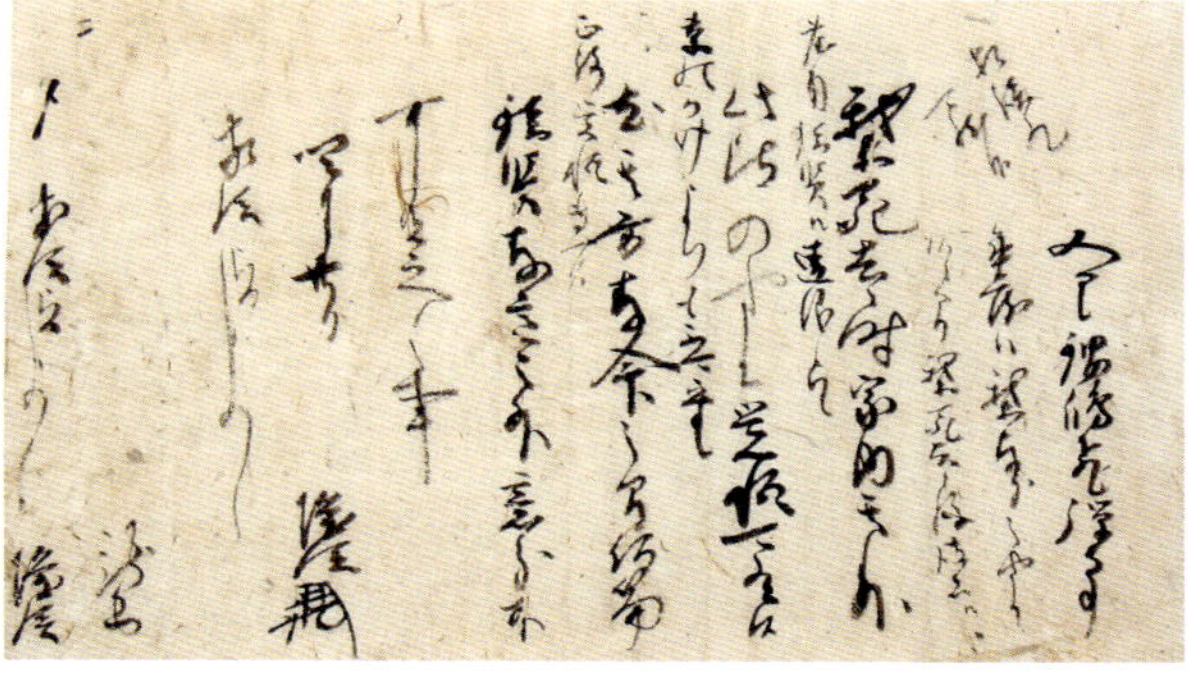

龍造寺隆信遺言状■実子の後藤家信に書き与えたもので、自分が死んだときには、家臣であり義弟でもある直茂に相談するようにと指示している　武雄鍋島家資料　武雄市蔵

政に諸士が反抗しはじめ、佐賀勢はその鎮圧に奔走しなければならなくなったのである。

また、このような一切妥協のない隆信のやり方は人心を恐れさせ、隆信陣営から去らせていくのである。六月には、鎮並の甥にあたる田尻鑑種に残党退治を命じ、塩塚《しおづか》・佐留垣《さるかき》両城（福岡県柳川市）で鎮並の妻子・弟など五百余人を殺した。

このような隆信の仕打ちに対して、六月下旬、鎮並の親族辺春親行《へばるちかゆき》が辺春河内城（福岡県立花町）で謀反するが鎮圧される。以上のような筑後・肥後の動きに対して、諸士から起請文《きしょうもん》*をとり、支配体制をかためようとするものの、気安めにしかならなかった。そのため、政家と直茂は筑後柳川城に入り、肥後南ノ関の龍造寺家晴と協力して、筑後・肥後の経営にあたることになった。

このような機に乗じて、同年九月、島津忠平《ただひら》（義弘《よしひろ》）は八代に進出し、宇土《うと》の伯耆《ほうき》、隈本《くまもと》の城親賢《じょうちかかた》を抱きこむ。天正十年二月には、筑後猫尾《ねこお》城（福岡県八女市）の黒木宗英《くろきむねひで》・家永《いえなが》が謀反するが、草野鎮員の説得により、政家・直茂の五千余りの軍勢に降伏した。

十月には、筑後・肥後の経営に功労のあった筑後鷹尾《たかお》城主田尻鑑種が、恩賞の不満、隆信への反感などのため謀反し、政家・直茂・後藤家信ら三万余りの軍勢に陸海より攻められるが、十二月には島津義久に助けを求めて抗戦を強めた。隆信・政家・直茂らは、八月に田尻鑑種の謀反の動きを知り、起請文をとりかわして「ご身

隈本古城跡■鹿子木氏によって築かれたとされ、同氏が大友氏によって逐われると、城氏の居城になった。以後、佐々成政、加藤清正が入り、清正が新たに熊本城を築くと、二の丸の一部に組み込まれた。現在の石垣は加藤氏時代のもの　熊本県熊本市

＊起請文■約束や契約を神に誓う形式の文書で、午王宝印という護符の裏に書かれるのが一般的であった。戦国期には、同盟や裏切らないことを誓うために盛んに使用された。

上曲説中散らし候に於いては更に是非なく候」と言い送っていた。十月、高来の有馬鎮貴は龍造寺氏の肥後侵入に名代を送って従っていたが、筑後・肥後の情勢に応じて島津氏と結び、安富茂泰《やすとみしげやす》の深江城（長崎県南島原市）を攻めた。

また、筑後辺春城主の辺春親行がふたたび謀反し、田尻氏と結んで大友勢を引きいれようとしたので、政家・直茂・小川信俊は一軍を田尻包囲に残し、二万余りの軍勢で辺春城を攻め、火矢で落城させた。十二月には東筑後に大友勢が侵入している。八代の島津忠平は、有馬氏への援兵などを義久に相談して決すべしとして、隈本と八代に守兵を残して帰国した。天正十一年正月、島津義久は伊集院若狭守《いじゅういんわかさのかみ》らを筑後鷹尾《たかお》城（福岡県柳川市）に入城させ、田尻鑑種を援助している。

島津義弘肖像■尚古集成館蔵

右のような情勢に、隆信は強行弾圧策をもって家臣統制にあたり、まず、招聘に応じなかった赤星統家の人質子供二人を筑後・肥後境の竹井原《たけいばる》で磔《はりつけ》にし、鏡山《かがみやま》大明神《だいみょうじん》神主安実の妻女を高良山

高良大社■高良山の中腹に建てられた筑後国一宮。高良山は古来からの信仰の地で、軍事的な要衝地でもあったため、たびたび戦乱に巻き込まれている　福岡県久留米市

（福岡県久留米市）のふもとに磔にし、みせしめとした。高来の有馬鎮貴は、三月には島津氏に手火矢衆の救援を乞い、六月には義久の将新納《にいろ》忠堯《ただたか》・川上忠堅《かわかみただかた》らとともに、隆信の属城深江城を攻めたが、かえって敗れている。

八月、有馬氏救援を決した島津義久は、島津家久《いえひさ》（弟）・伊集院忠棟《ただむね》らを八代へ出勢させたが、九月に秋月種実の仲介で、肥後を両分するという条件で龍造寺政家と和睦し、十月には有馬氏救援のための出兵を中止している。

このような和平ムードの中で、直茂は田尻鑑種の親族田尻了哲《りょうてつ》と謀って鑑種との和平に成功し、十二月に起請文をとりかわした。隆信は田尻氏の所替えをおこない、佐賀巨勢庄二百町を宛行《あてが》っている。鑑種の恭順は、直茂の人格を頼ったものといわれ、以後、田尻氏は直茂の強力な家臣となっていく。

■島津氏との雌雄を決した島原の戦い－隆信の戦死－■

天正十二年（一五八四）二月、龍造寺隆信は肥後の合志《こうし》親為《ちかため》を攻めることになり、島津氏との和を破ったため、島津義久は八代に軍勢を集めた。義久は、この牽制によって佐賀勢が肥後より撤退すれば、有馬鎮貴への援兵のため、高来に渡海しようとした。

三月、義久はみずから八代に至り、弟家久・新納忠元《ただもと》らを三千余りの軍勢で高来

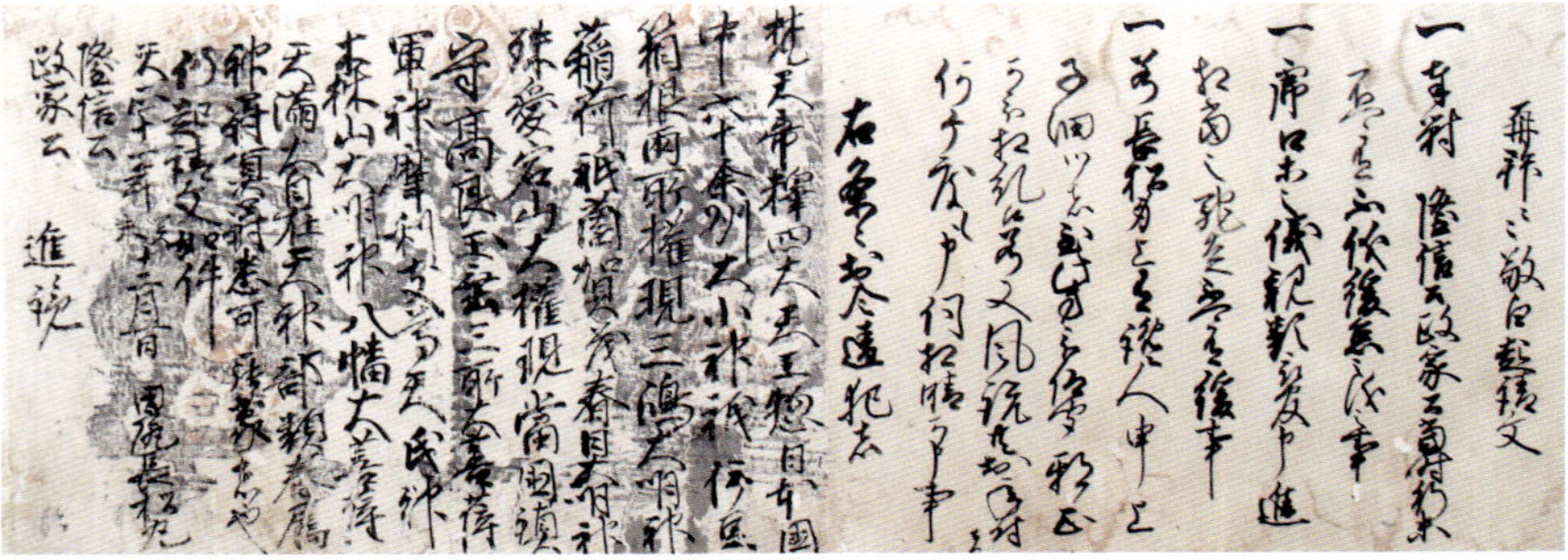

天正11年12月1日付け龍造寺隆信・政家宛て田尻長松丸起請文■龍造寺家文書　佐賀県立図書館蔵

へ渡海させ、島原《しまばら》城に有馬鎮貴を助け、両勢合わせて五千余りとなった。

　隆信は、政家の肥後経営を不満として、高来に集結した島津勢をみずから討ち、勝ちに乗じて薩摩まで侵略しようと気負った。島津氏の動きをいち早く捕捉していたと思われる柳川城の直茂は、隆信の速戦を止め、敵の内情を知らずに戦うのは危険だとして、自分が前哨戦をおこない、島津・有馬連合軍の陣容を確かめてから一戦に至るべしと献策するが聞きいれられず、ついに出兵となったという。

　政家を佐賀に残した隆信は、竜王崎《りゅうおうざき》（佐賀県白石町）より出船し、三月十九日に島原北端の神代《こうじろ》に着き、中道を直茂、浜ノ手を江上家種《いえたね》・後藤家信、山ノ手を隆信および旗本・馬廻りと三手に分け、総勢五万で島原城に迫った。このとき隆信は、肥満体のため馬に乗れず、駕籠《かご》で進んだといわれる。

　島津・有馬連合軍は、島原城の前は細い一本道が通り、その両側は沼という地の利を利用するとともに、決死の覚悟で佐賀勢を待ちうけた。三月二十四日、対戦を前にして、不意に山ノ手の隆信は中道へ出て、中道の直茂の一軍を山ノ手へ移すという作戦変更をおこなった。

合志親為肖像（複製）■肥後国の国人で、赤星重隆の子。合志高久の養子となり、合志家当主となった　合志歴史資料館蔵

隆信所用と伝わる紺糸威桶側二枚胴具足　■佐賀県重要文化財　佐賀県立博物館蔵

辰の刻（午前九時ころ）に戦端が切られ、細道を一気に攻めてくる佐賀勢に対して、島津・有馬連合軍は弓・鉄砲で一斉射撃をして先頭の軍勢を倒した。

そのため佐賀勢は軍列がくずれ、うしろから押されて沼に落ちるものも多く、多くは弓・鉄砲のねらい撃ちにされた。くずれた軍列に島津・有馬連合軍が突入したため、佐賀勢はまったく列をみだし、軍令もとどかず総くずれとなり、隆信はついに島津の将川上左京に討たれ、五十六歳の波乱の生涯を閉じた。

浜ノ手の江上家種*と後藤家信は、戦いの途中で隆信の戦死を聞き、家種は筑後へ渡海し城原に帰り、家信も神代へ逃れて船で塚崎に帰った。山ノ手の直茂は、島津の将猿亘《さるがき》越中守と対戦中に隆信の戦死を知り、三会《みえ》（長崎県島原市）へ退去する。このと

図２　島原の戦い関係図

き直茂は、切腹を数度試みながらも、付き添った中野神右衛門清明《きよあき》ら小姓《こしょう》にとどめられ、果たせなかったと伝えられている。

三会を過ぎ、田比良《たいら》の舟付場より田雑大隅守《たぞうおおすみのかみ》の船で岳崎（竹崎）に至り、鹿島に寄り、筑後川岸の榎ノ津へ着船し、父清房の出迎えを受けて柳川城に入った。この戦いで戦死者は侍・雑兵《ぞうひょう》合わせて千人余りとなり、とくに隆信の旗本・馬廻りの戦死者が多かった。隆信の首は、三月二十七日に八代の島津義久のもとに届けられた。

■戦後処理を差配し筑後を確保■

柳川城に帰った直茂は、「思いの外、御さかやけ杯成され、ご衣装正しく賑々と出仕の者へ御対面」のため、人々は「案の外にとそろそろ次より宿へ帰り礼衣着致し御祝儀申上げ隆信公の御戦死を悔いず、御恙《つつが》なく御帰城ありし事を悦び」あったという。

島原の戦いで大敗を喫し、猛将隆信のほか有力家臣を多数失った佐賀には、さまざまな風聞が飛び交いおさまらなかった。そのため、龍造寺政家の側将龍造寺信周は、直茂を寺井長福寺《ちょうふくじ》に迎えて指示をあおぎ、佐賀の騒動を鎮めようとした。直茂は隆信の弔《とむらい》合戦のため、島津討伐へ出勢すべき旨を主張したので、佐賀の騒動は鎮まっ

＊江上家種■龍造寺隆信の重臣で、このときは肥前国勢福寺城主。後に直茂が佐賀城を拠点にすると蓮池城に移り、直茂の嫡子勝茂を養子とするなど、直茂との関係も深い。文禄の役の折に釜山で戦死した。

龍造寺隆信の墓■左側の五輪塔が隆信の墓である。なお、隆信の首は首実検の後に龍造寺家に送られたが、受け取りを拒否したために願成寺（熊本県玉名市）に葬られたとする伝承もある。隆信の首の行方についてはさまざまな説があり、各地に関連する史跡がある　佐賀市・高伝寺

龍造寺政家肖像■佐賀県立佐賀城本丸歴史館蔵

たという。これは、佐賀勢の出勢に余力があることを島津氏に示し、その侵入をおさえ、同時に民心を安堵させるものであった。

四月八日、政家は直茂に対し、「親子兄弟の様に何篇腹臓《ふくぞう》なく申承るべく」と血判の誓書を送り、江上家種ら龍造寺一類、有力家臣十一人も連署して誓書を送ったので、直茂はようやく政家の国政を助けるべく、柳川城より蓮池城に移った。

六月にいたり、「直茂公世を窺いある」と神埼城原方面よりしきりに風聞され、「蟄居《ちっきょ》ありて更々世事に構いな」きため、政家は六月十五日に「我等の家を相歎かれ候上は如睦《にょぼく》甲冑《かっちゅう》（平時と戦時）ともに信生（直茂）下知次第たるべし」と書き送り、六月二十三日には「其方・我等の間、向後《きょうこう》において此のごとき曲説承りつけ候はば、早々実否を糺《ただ》し勿論異儀あるべからず候」と誓書を送って、直茂の気持ちをとりなした。

復元された島原城跡■中世における島原城はよくわかっていないことも多く、本城は近世になって松倉重政によって築かれたもの。領民に多大な負担を強いた築城は、島原の乱勃発にきっかけともなった　長崎県島原市

島津勢は、四月下旬には三会と島原両城に守兵を残して高来を撤退したが、隆信の戦死に気をよくした＊大友義統《よしむね》は、五月下旬、島津氏に島原の戦勝を賀し、六月下旬には筑後・肥後の間に侵入した。

七月には筑後の黒木実久を降し、七月下旬、政家が羽柴秀吉に家の存続を頼んでいるという風聞があることを島津氏に告げている。八月下旬、大友義統の将、戸次道雪・高橋紹運が筑後高群《たかむれ》城を攻めたので、政家は田尻鑑種に命じて救援させた。

龍造寺長信肖像■龍造寺周家の子で、隆信の弟。梶峰城城主をつとめた　多久市郷土資料館蔵

十月、戸次道雪は柳川城に龍造寺家晴を攻めた。そのため、島津・大友両氏と対戦するのを不利として、佐賀勢は十月十五日、筑前の秋月種実の仲介で肥後を返還する条件で島津氏と和平し、政家・直茂・家晴らは誓書を出し、各々太刀・馬・人質を送り、大友氏討伐を提唱した。

天正十三年（一五八五）正月、戸次道雪・高橋紹運は筑後姉城の西牟田《にしむた》家親《いえちか》を攻め、二月には筑後

＊大友義統■宗麟の嫡子で、宗麟の隠居後家督を嗣ぎ、島津氏と激戦をくり広げるも次第に押され、豊臣秀吉に助けを求めたことから秀吉の島津征伐のきっかけになった。その後改易されたが、子孫は徳川幕府の旗本として存続した。

宝満城跡の石積み■高橋鑑種によって宝満山山頂に築かれ、高橋氏の居城となった。宝満山は古くから信仰を集めた地で、山内には複数の宗教施設の跡がみられ、それらを利用して城郭が作られたものと推測されている　福岡県太宰府市

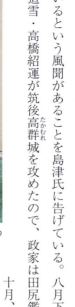

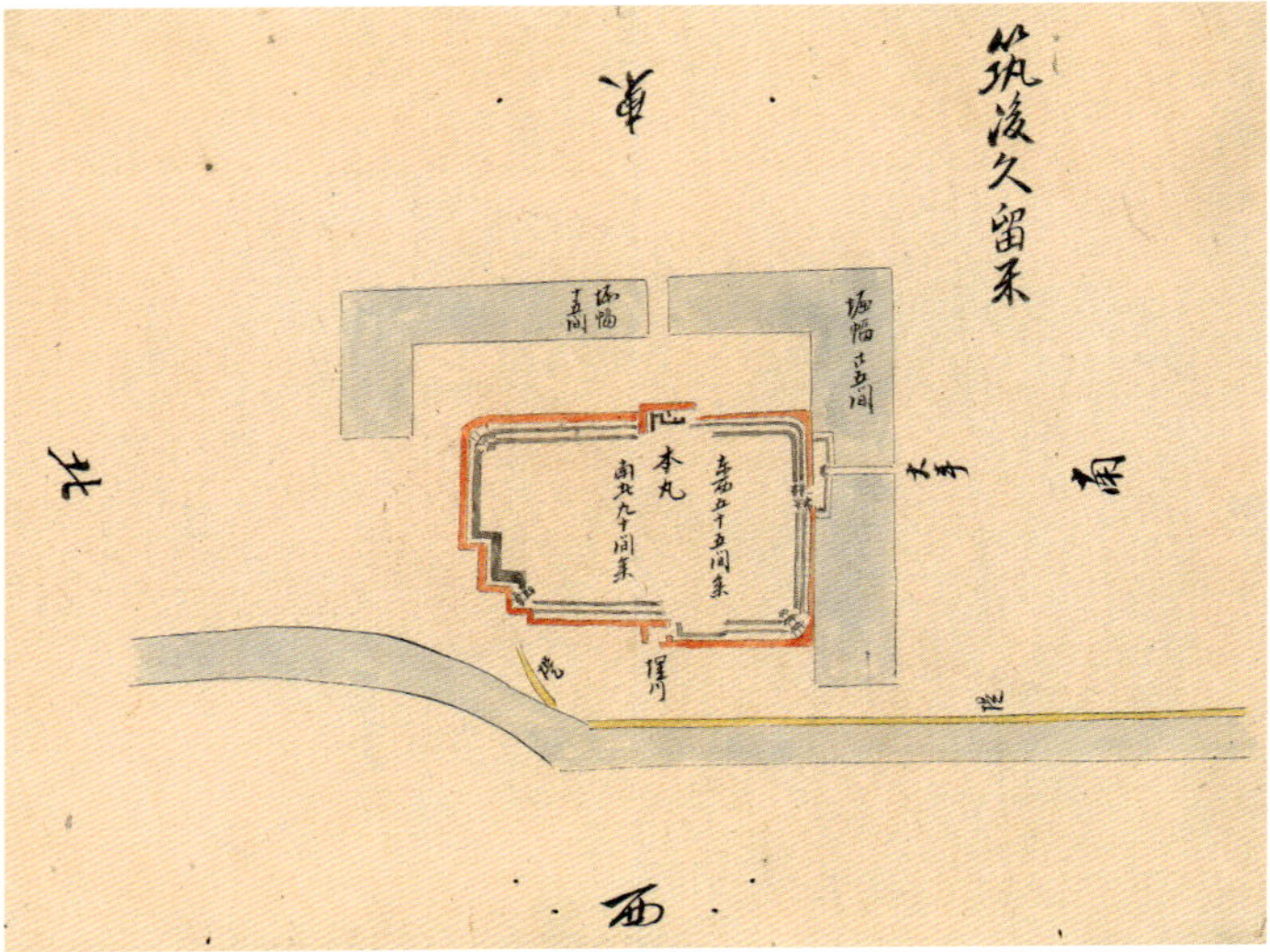

「近世城図」に描かれた久留米城■当社蔵

井上城（福岡県うきは市）の問《もん》注所鑑景《ちゅうじょあきかげ》を逐い、筑後発心岳《ほっしんだけ》城（福岡県久留米市・八女市・うきは市）の草野鎮員を攻めたため、鎮員は佐賀に援兵を求め、政家・直茂・家晴らは二万余りの軍勢で久留米《くるめ》に着陣し、高良山の大友勢と対峙した。

しかし、双方勝負はなく十月下旬、戸次道雪が高良山で病没し、高橋紹運は居城宝満城を秋月種実に落とされたためいそぎ筑前へ帰陣し、佐賀勢も帰陣した。このとき、筑後の監督のために柳川城に龍造寺家晴、久留米城に内田信賢《のぶかた》・姉川信安《あねがわのぶやす》、高良山に後藤家信を置いて、筑後はひとまず龍造寺氏の手に帰した。

戸次道雪の墓■大友氏の重臣で、武勇に優れ北九州各地を転戦した。天正十三年の柳川城攻めの最中に発病し、高良山で病没した　福岡県新宮町・梅岳寺境内

第二部　大名としての自立

龍造寺隆信の討ち死に後、若年の当主政家を支え、動乱の九州情勢を乗り越えるなかで中央政権と結び、大名として自立していく。直茂はいかに佐賀を発展させ、子の勝茂に伝えていったのか。

鍋島勝茂像■公益財団法人鍋島報效会所蔵

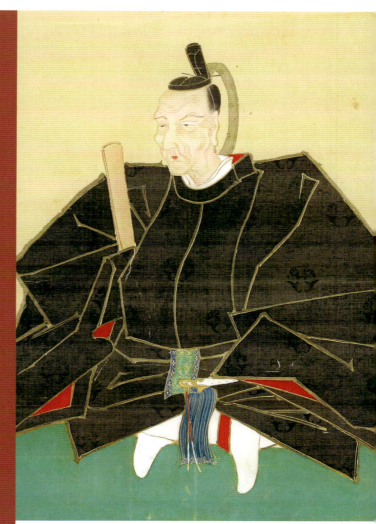

第一章 秀吉の島津征伐・朝鮮出兵と直茂

秀吉に好を通じる

天正十年（一五八二）七月、直茂は山崎《やまざき》合戦後の羽柴秀吉から返書をうけとった。直茂は前年に秀吉に書状を送り、今度ふたたび僧仁秀《じんしゅう》を使者として書状と口上で意を通じ、土産として南蛮帽子《なんばんぼうし》を贈ったことに対する返書で、秀吉の近況が報告されている。当時、直茂は柳川城にあり、蒲池鎮並の謀反後は筑後地方の謀反鎮圧に奔走しており、八代に侵入した島津氏との関係に苦慮していたときであった。

天正九年六月、秀吉は鳥取《とっとり》城に毛利の将吉川経家《きっかわつねいえ》を攻め、十月にこれを降し、翌十年五月には備中高松《びっちゅうたかまつ》城に毛利の将清水宗治《しみずむねはる》を囲んだ。

龍造寺隆信は、大内義隆以来、大内義長・毛利元就・同輝元と結び、大友氏を牽制して領土拡大をおこなってきた。そのため、信長・秀吉の中国侵入に対しては、当然毛利氏との手前、敵対する関係にあった。しかし、隆信は直茂の強い希望のため、秀吉に書を通じることを許したものと推測される。

隆信は、信長が毛利を討って九州へ侵入してきたら、軍勢を率いてそれを迎え、

秀吉による備中高松城の水攻め■「絵本拾遺信長記」当社蔵

対面して十分な器量があれば従い、なければ即時に討ち果たさんと考えていたといわれる。隆信が九州一円の勢力関係から毛利氏と結んでいるのに対して、直茂はそれより広いところから信長・秀吉勢力の将来性をみて書を通じたものと思われ、直茂の情勢判断の先見性を示している。

天正十二年九月、直茂は龍造寺政家をして秀吉に降った小早川隆景《こばやかわたかかげ》を仲介として秀吉に好《よしみ》を通じさせ、翌年には＊成富茂安《なりとみしげやす》と三浦可鴎《みうらかおう》を隆景に遣わし、秀吉に太刀・馬を献上したが、人質の提出を求める隆景の二月二十三日付けの政家宛ての書状には、「御質の事、以てのほか取急がれ候条」「御人質御延引なく来月二十日頃大坂に着き候様、御上せ肝要たるべく候。此の儀に相極り候」といい送っている。

佐賀より人質として千布賢利《ちふかたとし》が来るまで成富茂安が在坂しているが、そのとき直茂は「忰家の初末、外実然るべく成就するは此時の事」と、茂安に粗相《そそう》がないように訓戒をあた

豊臣秀吉肖像■東京大学史料編纂所蔵模本

＊成富茂安■成富信種の子で龍造寺家臣。朝鮮出兵あたりから直茂に仕え始め、江戸時代には佐賀藩の重臣となった。領内の治水事業に大きな功績を残した功労者である。

小早川隆景の墓■毛利元就の三男で、安芸の国人沼田小早川氏に養子入りし家督を継いだ。毛利氏が秀吉に降伏すると秀吉に重用され、九州征伐後は筑前・筑後・肥前の三国で三十七万余石を領した　広島県三原市・米山寺

小早川隆景肖像■広島県三原市・米山寺蔵

えている。

秀吉との連絡は小早川隆景を通じておこなわれ、表向きは政家名義にはなっているが、使者として赴いているのは直茂の直臣であり、隆信の旧臣の沈黙は、不穏な感じをあたえる。直茂は政家および有力家臣と誓書をとりかわし、国政を助けていながらも、なおすっきりしない立場にあった。

■風雲急を告げる九州情勢■

天正十四年（一五八六）四月、筑前の秋月種実は、盟友の筑紫広門が裏切って高橋紹運と和睦し、また、龍造寺政家がはっきりした態度を示さないため孤立し、大友氏に圧迫され、島津氏に助けを求めた。島津義久はみずから八代に出陣し、島津忠長・伊集院忠棟に筑後勝尾城の筑紫広門を逐わせた。次いで、筑前岩屋城に高橋紹運を討ち、宝満城の高橋統増《むねます》を降伏させた。そして、筑前立花城に立花宗茂《むねしげ》を攻

（右）秋月氏の居城秋月城跡■福岡県朝倉市（左）秋月種実の墓■宮崎県串間市・西林院

めようとしたが、兵が疲弊したので帰陣した。
島津氏が秋月救援のため筑前へ出勢したとき、政家・直茂は島津氏の要請によって出陣したが、政家は神埼、直茂は波古川までしか進まず、様子をみて名代として江上家種・龍造寺家晴・後藤家信・田尻鑑種を岩屋城攻めに派遣し、佐賀に帰ってしまう。島津氏に出していた人質は四月に逃げ帰っており、はっきり島津氏と断交すれば、攻撃をうけた場合、佐賀勢単独では支えるには心細く、といって秀吉の軍勢がすぐ救援にくる形勢もなく、あいまいな態度をとらざるをえなかったのである。

九月初旬、秀吉から来春に島津征伐をすることを知らせてきたため、島津氏に断交を通告し、島津氏の豊後出兵の隙をねらい、政家・直茂は二万余りの軍勢で筑後に侵入し、三池鎮実の三池城を攻めて城下に放火し、次いで土肥家実は肥後大田黒《おおたぐろ》まで侵入して放火した。御船《みふね》城（熊本県御船町）の甲斐《かい》宗運《そううん》、宇土城（熊本県宇土市）の伯耆顕孝《あきたか》、球磨《くま》の相良義陽《さがらよしひ》、阿蘇《あそ》の大宮司《だいぐうじ》惟種《これたね》らから人質をとり、さらに肥後南

黒田如水（孝高）肖像■福岡市博物館蔵

（右）高橋氏の居城岩屋城跡（左）高橋紹運の墓■ともに福岡県太宰府市

ノ関を攻め、立花宗茂の母と妹を救った。秀吉は政家・直茂の戦功を島津征伐の前哨としてよろこび、来春出馬することを告げている。

十一月六日、黒田孝高《くろだよしたか》・小早川隆景は連署して直茂へ書を送り、「京都より仰せ下さるる旨候間、成富十右急度差し越され候はば、申し談ずべく候」といってきたので、成富茂安を上洛させたところ、政家・直茂の人質を送れということで、政家は母と娘、直茂は鍋島茂里[*1]を人質として上坂させた。島津征伐をするにあたって、秀吉は大友氏のほかに、龍造寺と鍋島氏をしっかり味方にしておく必要があったのである。

■秀吉の島津征伐に従軍し龍造寺家より独立■

天正十五年（一五八七）正月、秀吉は島津征伐の軍編成をし、三月一日に出馬した。それに先だち、政家と直茂は、正月二日に龍造寺家晴・同家久・後藤家信・神代長良・内田家能《いえよし》・田尻鑑種ら二万余りの軍勢で筑後に侵入し、三日、山下城に蒲池鎮運を攻めたが、城が堅固で容易に落ちなかったので、城下に放火して佐賀に帰陣した。直茂は政家の名代として秀吉を迎えに上坂し、太刀・銀子百枚を進上している。

三月二十五日、赤間関《あかまがせき》（山口県下関市）に着船した秀吉は、政家に対し、陣取や普請などを戸田勝隆《とだかつたか》に相談するように命じ、同二十八日には小倉《こくら》に着陣した。四月

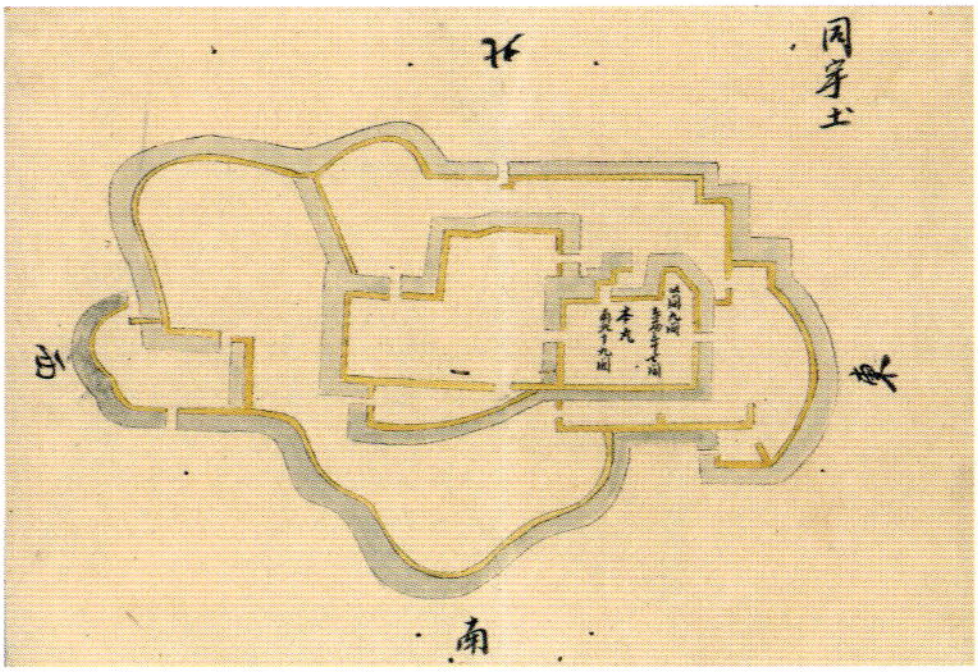

「近世城図」に描かれた宇土城■戦国期には名和氏の居城であったが、秀吉の島津征伐後は小西行長が同地に入り、中世の宇土城とは別に、新しく近世につづく宇土城が築かれた　当社蔵

＊1鍋島茂里■龍造寺氏の重臣石井信忠の子として生まれたが、直茂に子がなかったために直茂の養子となった。直茂に実子勝茂が生まれた後は鍋島家の重臣となり、朝鮮出兵などで武功を上げた。

四日、秋月種実は降伏し、法体《ほったい》となって宗全《そうぜん》と名乗った。五日になると立花宗茂が参陣し、六日、高良山に陣を移した。七日には、高良山に政家・直茂が参上して秀吉に謁した。直茂は秀吉の一行とともに西下し、いそぎ佐賀に帰り、政家を伴い参上したのである。

立花宗茂と龍造寺政家は、父を島津氏に討たれたことから先陣を願い、許されて一日替わりに先陣を勤めることになる。十五日、政家の祖母＊2慶誾《けいぎん》は秀吉に使者を送り、進物を献上した。それに対し秀吉は、「隆信 敵《かたき》の事に候間、尤《もっとも》不便に思召候、島津一類かうべをはふられ見せさせられ、弥《いよいよ》うつぷんをはらさせられ候」と返書している。

五月五日、秀吉は川内川岸の泰平寺《たいへいじ》に着陣し、ついに島津義久は降伏を決意し、出家して竜伯《りゅうはく》と名乗り、八日には泰平寺に出向いて秀吉に拝謁し、降伏した。

しかし、大口城《おおぐち》（鹿児島県伊佐市）の新納忠元はあくまで抗戦したため、

立花宗茂肖像■東京大学史料編纂所蔵模本

＊2慶誾■龍造寺胤和の娘で同周家に嫁ぎ隆信を生んだ。夫周家が政変で殺害されると鍋島清房に嫁ぎ、直茂の継母となった。隆信の戦死後は隆信の子政家とともに政治に関与したとされる。

赤間神宮■安徳天皇を祀る阿弥陀寺が、明治時代の神仏分離令によって天皇社となり、後に現在の社名を名乗るようになった。赤間関をのぞむように所在する山口県下関市

先陣の龍造寺政家の軍勢だけで攻めることになり、おりしも大雨の中に攻撃を開始したが、城内からは何の応戦もなく、浅野《あさの》長政《ながまさ》・戸田勝隆の命で引き揚げる途中、

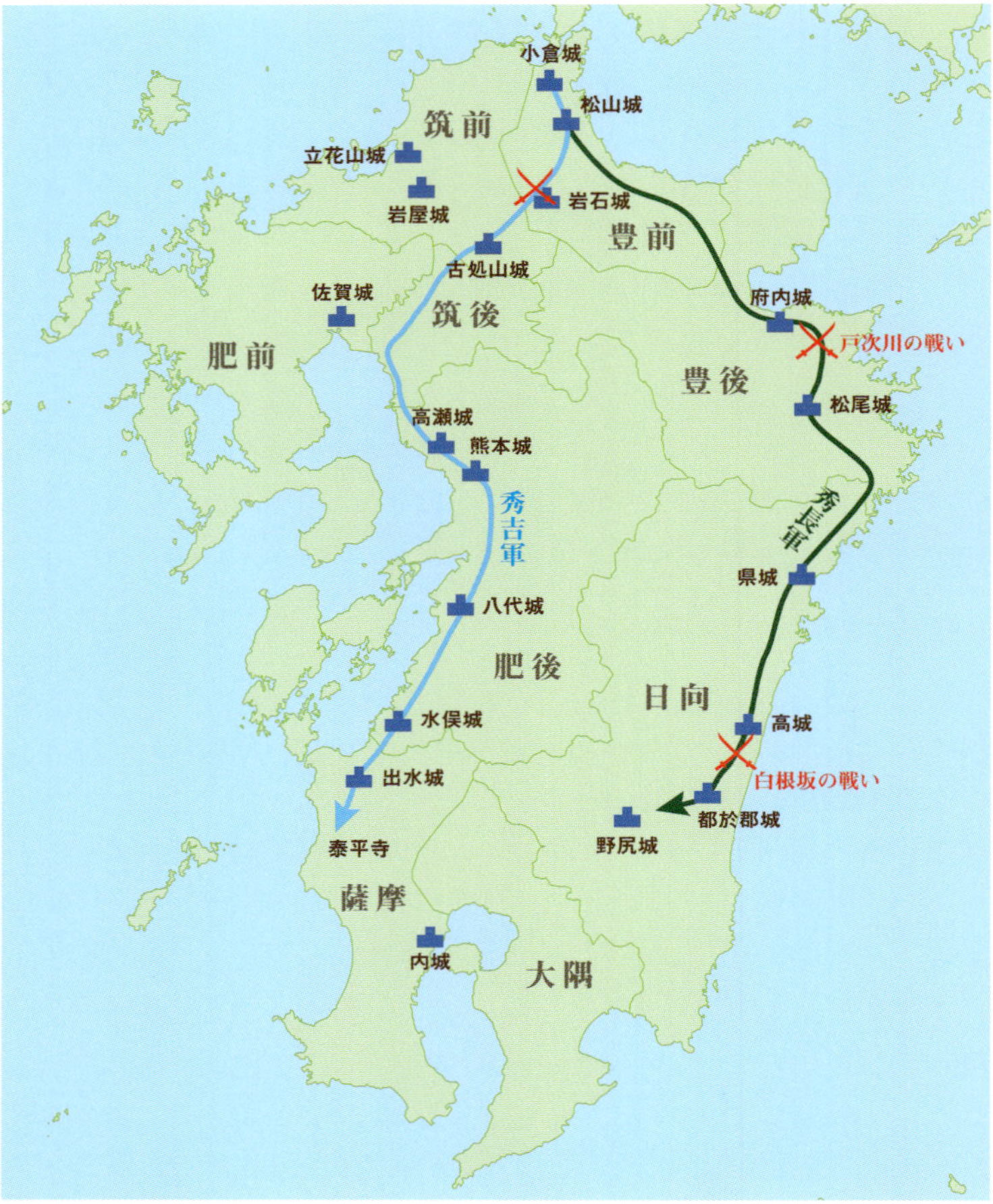

図３　秀吉軍の進軍図

新納忠元肖像■鹿児島県立図書館蔵

城中より追撃してきたため小ぜり合いがおこなわれた。そのため浅野長政は使いを送り、新納忠元を降伏させて泰平寺へ同伴したという。

五月十八日、泰平寺を発った秀吉は、六月一日に熊本に着き、五日高良山に移り、七日に博多に入り箱崎八幡宮《はこざきはちまんぐう》に陣をおいた。ここにおいて秀吉は、島津征伐の論功《ろんこう》行賞《こうしょう》をおこない、新しく九州の知行割を決定した。

龍造寺政家は、肥前国のうち七郡（佐賀・小城・神埼・三根・杵島・藤津・松浦）を宛行《あてが》われ、隆信時代の五州二島の太守のおもかげはなかった。政家が筑後の領地を没収されたのは、太刀・馬・呉服と黄金百枚を進物として進上するのが例であるのを、数年来の合戦による疲弊のためにこれらの物が調わず、進上できなかったためであるといわれる。

鍋島直茂は、新恩地として肥前国養父《やぶ》郡半分と同国有馬郡のうち神代領を宛行われた。秀吉から新恩地をうけたということは、龍造寺の家臣から独立して秀吉の直《じき》臣《しん》になったことを示す。そして直茂の場合は、後藤家信や山代貞のように、秀吉から朱印《しゅいん》をうけ、軍役《ぐんやく》は龍造寺に勤めなければならないのとは異なっている。直茂は、島津征伐を契機として龍造寺の家臣から独立しながらも、形のうえでは龍造寺を主家として、佐賀の経営にあたったものと思われる。

これは、直茂が秀吉に対してあらわした勲功への、秀吉からの賞与であるとみてよかろう。直茂は、お礼として秀吉へ黄金二枚と白糸五十五斤を送ったが、これら

（右ページ）泰平寺■島津征伐の折に秀吉が御座所を置き、島津義久が同所に出頭するなど、島津氏降伏の舞台となった。なお、境内にあった石を並べ、「和睦石」としている　鹿児島県薩摩川内市

宗龍寺■直茂が旧主龍造寺隆信の菩提を弔うために、佐賀城の鬼門にあたる地に創建した。寺名は隆信の法名法運院泰巌宗龍大居士に由来する　佐賀市

は右近刑部・平吉刑部という御用商人《ごようしょうにん》の手により調えられた。

直茂は島津征伐後、佐賀に宗龍寺《そうりゅうじ》を建立し、龍造寺隆信の霊をまつっている。

■肥後国人一揆を討伐■

天正十五年（一五八七）六月、直茂は秀吉に従って大坂に上った。

七月、佐々成政《さっさなりまさ》入国早々の肥後国において、国人が成政の執政に反対して謀反した。成政が秀吉から国人にあたえられた知行地を検地しようとしたところ、国人の怒りを買い、謀反となったのである。検地をすることは近世の封建領主として必要な仕事であるが、大友・島津・龍造寺の三勢力の蚕食地帯であった肥後は統一ならずに国人が割拠し、少領ながらも自分の領地に確固たる勢力を築きあげていたのである。

佐々成政は、謀反を起こした隈部親永《くまべちかなが》を隈部城に攻め破ったが、これが導火線となり、他の国人たちに謀反が拡大していった。直茂は成政に書を送って慰問したが、成政は返書して「早速御人数遣わされ追払われ候様政家へ御心得頼みいり候」と、八月二十四日に救援を申し入れている。

秀吉は一揆の拡大を憂えて九月八日、毛利秀包《ひでかね》と龍造寺政家に対し、「佐々成政と相談して一揆を鎮圧せよ、三人で鎮圧できなければ黒田孝高・森吉成《もりよしなり》を加勢させ、

佐々成政一揆を破る図■「絵本太閤記」　肥後国人一揆は無事平定するも、結果として成政が失脚する直接的要因となった　当社蔵

佐々成政の墓■兵庫県尼崎市・法園寺

それでも鎮圧できなければ毛利輝元を筑前立花城に移し、小早川隆景に出陣させる」と直茂に伝えた。直茂はすぐさま下国し、途中、赤間関で政家が病気と称し、なお出陣していないことを黒田孝高・森吉成から聞き、佐賀に帰ってともに出陣しようとした。黒田孝高・森吉成は、政家が謀反を企てているのではないかと疑い、直茂まで佐賀に帰せば、かえってよくないとして止めたが、小早川隆景の言葉で佐賀に下国できたといわれる。

佐々成政肖像■富山市郷土博物館蔵

佐賀においては、さまざまな怪異《かいい》が起こるとして老臣龍造寺家就らが政家の出陣を止めていた。直茂は、それらの怪異を合理的に解きほぐし、急遽、政家とともに二万余りの軍勢を整え出陣した。この政家の肥後陣への遅参は、秀吉から本領のうち肥前国七郡しかあたえられなかった点に原因があったといわれる。

直茂は、黒田孝高・森吉成ら奉行衆と相談し、まず高狭城に合志親為を攻め、和平工作で降伏させようとしたが失敗し、武力で陥落

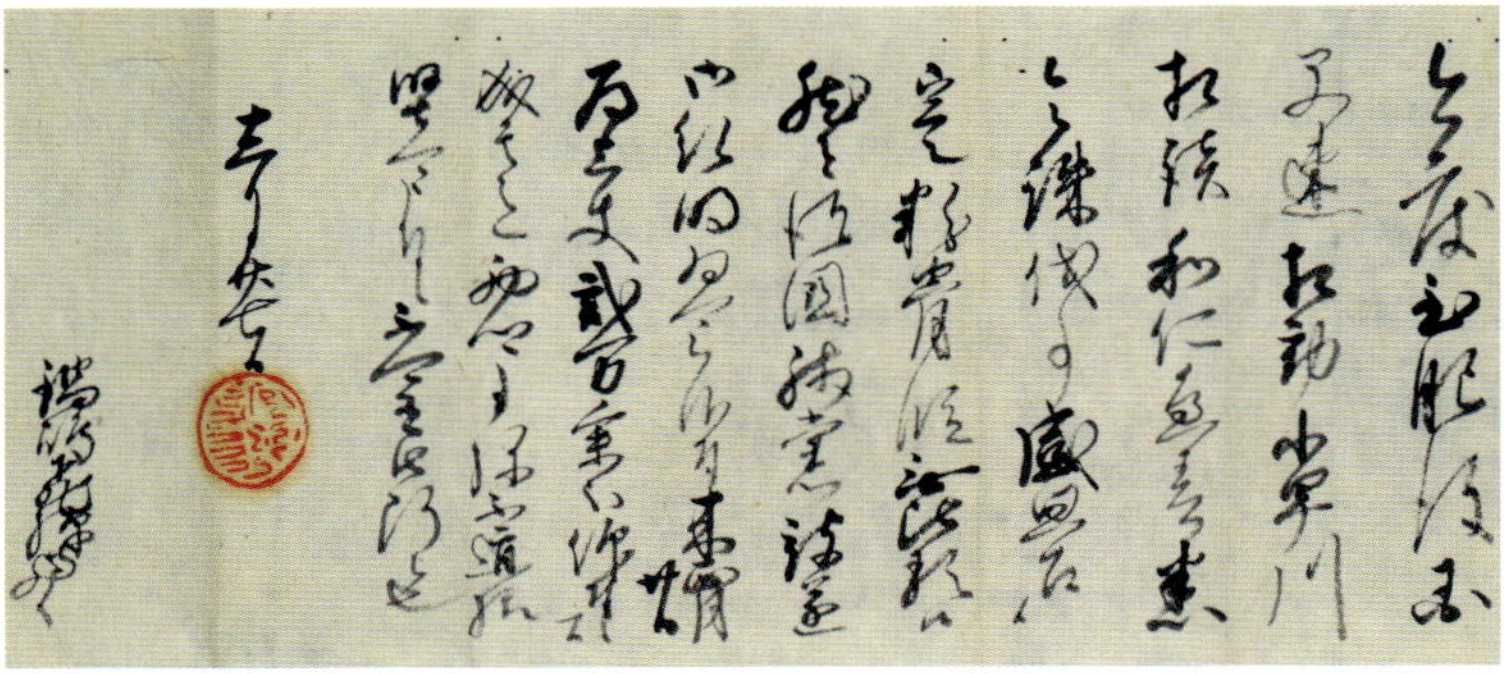

（天正十五年）十二月二十七日付け鍋島直茂宛て豊臣秀吉朱印状■肥後国人一揆の平定に功績を上げた直茂を秀吉が褒めている　公益財団法人鍋島報效会蔵

させた。次いで、小早川隆景・安国寺恵瓊《あんこくじえけい》・毛利秀包・立花宗茂らと和仁城の和仁親実・辺春親行を攻めた。とくに直茂は、宗茂と共謀し、辺春親行を内応させて和仁親実を切らせ、残る親実の次男弾正忠を攻めて捕縛している。直茂は十二月九日、秀吉に和仁・辺春氏攻略の様子を報告し、秀吉から「誠に粉骨を抽《ぬきん》ずるについて、早速平均、悦び思召候」と返書があった。

天正十六年正月、直茂らは木山《きやま》城（熊本県益城町）に永野紀伊守《ながのきいのかみ》を討ち、下筑後の草野宗清《むねきよ》も謀反に参加したため切腹させている。正月中旬には鎮圧に成功し、立花宗茂と森吉成が謀反を起こした主だった者を、柳川と小倉で殺害した。佐々成政は上坂中、尼崎《あまがさき》で切腹を命ぜられ、肥後国は隈本に加藤清正《かとうきよまさ》、宇土に小西行長《こにしゆきなが》が新たにおかれ、秀吉の頭の中では朝鮮出兵の下準備がなされている。

■龍造寺氏に代わり肥前の国政を任される■

肥後において国人の謀反が起こっているとき、肥前国諫早《いさはや》でも騒動が起こった。これは、秀吉が九州征伐に西下したとき、諫早の西郷信尚《さいごうのぶひさ》が召しに応ぜず出陣しなかったため、知行割のときに召し放され、諫早には龍造寺家晴が宛行われた。そして家晴が諫早に入ったとき、西郷信尚は籠城して反抗したため、家晴の軍勢二千五百と佐賀からの援兵を合わせて諫早の本城（高城《たかしろ》）と支城（床林）を攻め、

（右）龍造寺家晴の墓■龍造寺鑑兼の子で、諫早氏の祖となった。伊佐早の地名を諫早に変えたとされる　（左）長寿院の墓■鍋島直茂の娘で、龍造寺家晴の子直孝に嫁いだ　ともに長崎県諫早市・天祐寺

西郷信尚の一類を島原に逐い、入国に成功した。しかし、家晴が肥後一揆討伐に出陣すると、その隙をねらって十月、西郷信尚は地下人《じげにん》*1を集めて諫早本城を落とし、支城の床林を攻めたが、肥後から戻った家晴の軍勢と佐賀からの援兵に攻められ、ふたたび島原に落ちて追討された。

龍造寺政家と直茂は、十月に使僧仁秀を上洛させ、西郷信尚の騒動について報告し、政家は銀五百両、直茂は紬《つむぎ》一掛を贈った。十二月の歳暮《せいぼ》には、政家が太刀と馬代銀子百両、緞子《どんす》*2十端、直茂は太刀と褶《ひらみ》*3十端を贈っている。

天正十六年（一五八八）四月六日、直茂は長崎代官に任命され、「御代官仰せ付けられ候間取沙汰致し、物成《ものなり》など運上すべく候」と命じられた。そして八月二十七日には、肥後に移された草野鎮永の松浦の旧領の代官にも任じられた。六月十五日、秀吉は高来郡深堀《ふかぼり》の深堀純賢《すみかた》を「海端の者にかぎらず大唐《だいとう》・南蛮ならびに商売船に妨《さまた》げをなすいたずら者」として浪人させ、そのあとを森吉成と直茂に代官させた。

直茂は、龍造寺の家臣としてだけではなく、秀吉の直臣としての任を果たしていくのである。

七月、政家・長法師丸《ながほうしまる》（政家嫡子）・直茂は上坂し、秀吉に伺候《しこう》した。政家は肥前守に任じられ、羽柴氏・豊臣姓・桐菊の紋を拝領する。そのあと下国した政家は、十一月二十八日に長法師丸を直茂の養子にし、龍造寺姓を直茂にあたえているが、直茂は龍造寺姓を名乗ることを固辞している。

＊1地下人■支配下にある土地の住民のこと。

＊2緞子■厚手で光沢があり、高級織物とされる。南北朝期ごろから盛んに輸入された。

＊3褶■ひらおびとも。袴の上に着た衣服のこと。

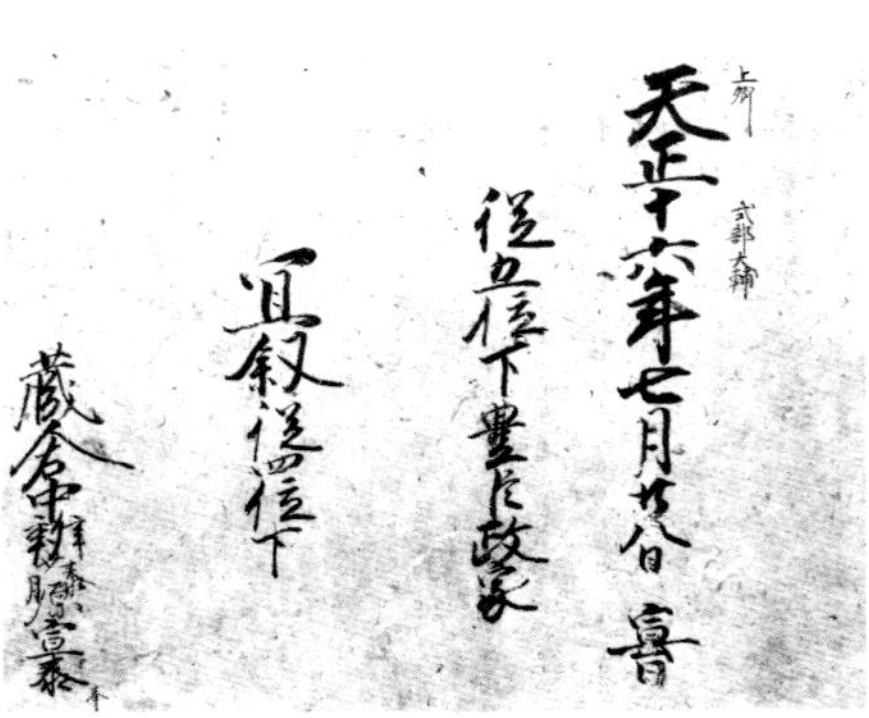

中御門宣泰奉口宣案■秀吉の推挙により、龍造寺政家を従四位下に任じている。豊臣姓を与えられているため、「豊臣政家」と記されている　龍造寺家文書　佐賀県立図書館蔵

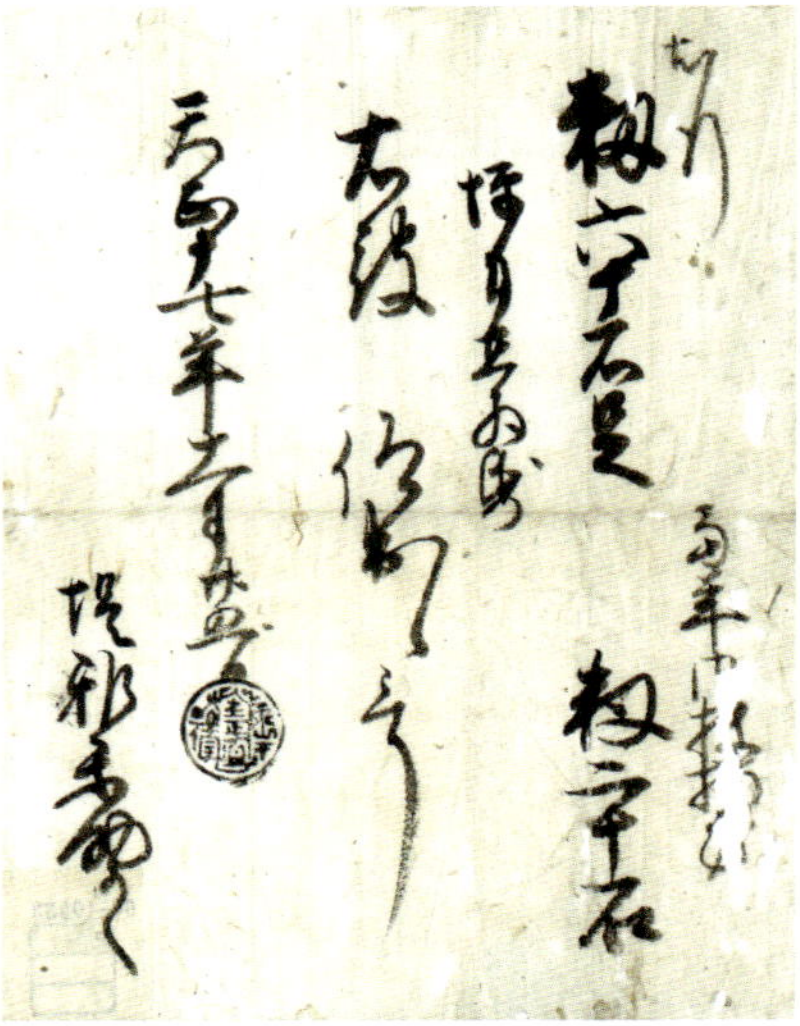

天正十七年十一月二十五日付け鍋島直茂判物■
堤雅楽助の知行を認めたもので、直茂により国政がおこなわれたことを示している　佐賀県立博物館蔵

その冬、ふたたび長法師丸と上坂した直茂は、翌天正十七年正月七日に官位《かんい》を受け、従五位下《じゅごいのげ》、鍋島加賀守直茂と称することになった。ときに五十二歳である。このとき、長法師丸も藤八郎と名乗っている。

天正十八年正月、秀吉は藤八郎に三〇万石余りの朱印状を渡し、そのうち直茂には神埼郡四万四千五百石をあたえ、藤八郎のかわりに国政をまかせた。これは実際上、直茂が龍造寺の政権責任の座についたことを示している。二月二十九日には、秀吉は政家に隠居分として佐賀郡太俣《ふとまた》に五千二百二十四石をあたえ、軍役を免除して隠居させてしまった。

秀吉が小田原《おだわら》征伐に北上したときには、直茂は小田原まで見舞いに出向き、到着した日が落城の日となったため、秀吉をよろこばせている。八月、直茂は妻（陽泰院）と次男平七を人質として上坂させ、江上家種・後藤家信・龍造寺家晴もそれぞれ人質を出し、政家の母と娘は下国した。

（右）鍋島直茂の黒印（天正十七年のもの）
（左）直茂の花押（天正二十年のもの）

■急いで進められた朝鮮出兵の準備■

天正十九年（一五九一）八月、秀吉は明国征討の計画を発表し、各大名に渡海準備を命じた。そして、前線基地を肥前国上松浦の波多親《ちかし》の領地である名護屋《なごや》に決定し、十月の工事着手を黒田長政《ながまさ》・加藤清正・小西行長ら九州の諸大名に命じた。直茂はこれより先、龍造寺家晴と成富茂安を上洛させ、名護屋城普請の指示を受けている。佐賀からは石井生札・甲斐弥左衛門・久納市右衛門が奉行となり、大手《おおて》櫓《やぐら》と二の丸の櫓を建造し、蓮池城の天守《てんしゅ》を名護屋城に移したと伝えられている。

文禄元年（一五九二）正月五日、九番からなる十五万八千人余りの「唐入《からいり》」の軍編成が発表された。直茂は、加藤清正・相良長毎《ながつね》と第二番に属し、一万石に六〇〇人の軍役により、一万二千の軍勢を整えた。

このとき秀吉は、直茂を佐賀の領主としてあつかっている。先手として鍋島茂里と成富茂安が組をつくり、旗本には前駆《さきがけ》、昇奉行《のぼりぶぎょう》、弓鉄砲頭、馬廻りがあり、船奉行には船頭、手船、宮市丸船頭、早船、召船役者があって、それらのほかに龍造寺家晴・後藤家信ら龍造寺一族が家臣を率いて従った。この軍勢割をみると、鍋島茂里・成富茂安という身内ないし直臣を組頭として、龍造寺宗徒を除く諸臣を組み入れている。茂里や茂安が少身ながらも組頭になったことは、直茂の権力の成長拡大を示している。

小田原征伐の際に秀吉により築かれた石垣山城の井戸曲輪■神奈川県小田原市

相良長毎肖像■戦国末期から江戸時代初期の相良氏当主。初名は頼房で、晩年に長毎と改名した。激動の時代を乗り切り、初代人吉藩主となった　熊本県人吉市・人吉神社蔵

直茂と名護屋城

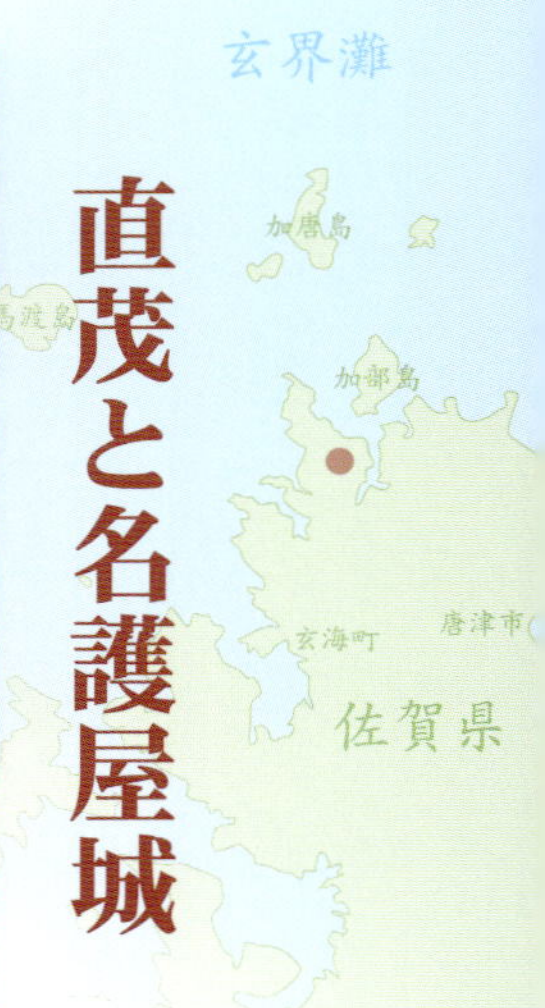

▲名護屋城跡空撮■写真提供：佐賀県立名護屋城博物館

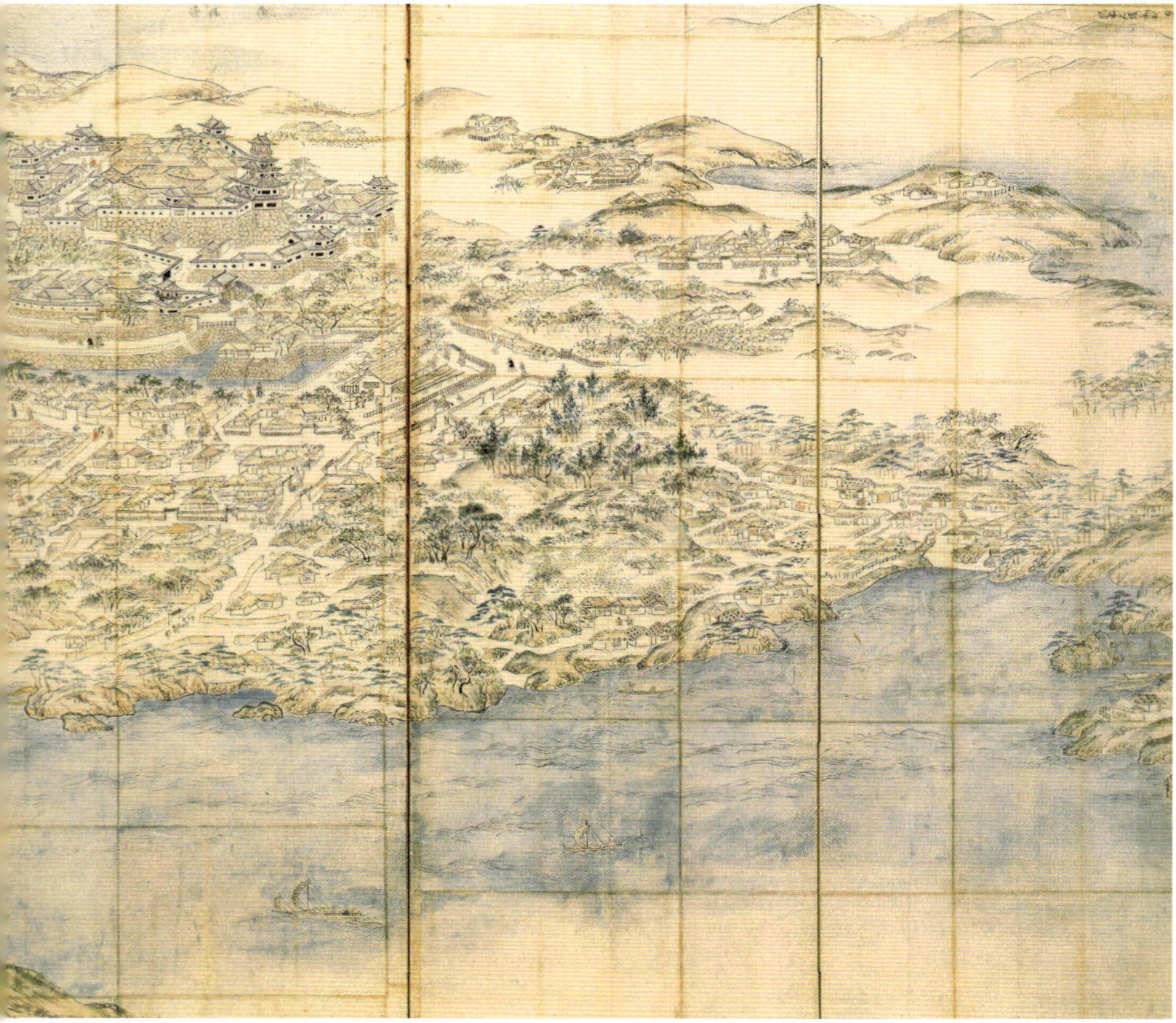

▲鍋島直茂陣跡■秀吉の朝鮮出兵に際し、名護屋城を囲むようにしてつくられた諸将の陣跡の一つ。羽柴秀保の陣の南東に位置し、石積みなどの遺構が残されている　佐賀県唐津市

▼肥前名護屋城図屏風■文禄２年の夏頃の景観を描いたものと推定されており、城や陣屋のほか、明国使節とみられる行列も描かれている　佐賀県立名護屋城博物館蔵

直茂は成富茂安に命じ、平吉平兵衛によって＊焔硝《えんしょう》七千六百斤を調達させ、船、船道具、太刀、刀、船釘などの用意をさせ、「唐入」に備えた。佐賀には鍋島信房を残して国政をみさせ、三月三日に佐賀を出陣するとき、与賀宮に戦勝の祈禱を命じ、出陣する兵士に守り札を渡した。直茂は三月二十日、四十六丁立の「国一丸」で名護屋を出船し、翌日、壱岐風本に着いた。そのとき、直茂は病気であったが、無理をして船旅をしている。また、鍋島茂里・田尻鑑種・山代貞らは、伊万里より二十六日に出船している。

■快進撃をつづけた序盤戦■

四月六日、小西行長・宗義智《そうよしとし》らが対馬に移ると、翌七日には加藤清正や直茂らも対馬に渡った。十二日、小西行長らはひそかに対馬大浦を出船し、その日のうちに朝鮮慶尚道釜山浦に着き、翌日、釜山城を陥落させ、朝鮮における戦闘がはじまる。清正らは、行長らがひそかに朝鮮に渡ったことに憤慨したが、逆風のため出船できず、清正は十七日に熊川《ウンチョン》に、直茂は竹島に上陸し、共に行長らを追って京城《ソウル》に向かって進撃した。

京城の李昖王は、尚州を小西に落とされたとき、都からの退去を考え四月二十九日に平壌へ退去、妃と二王子（臨海・順和）は咸鏡道へと退去した。四月二十九日、

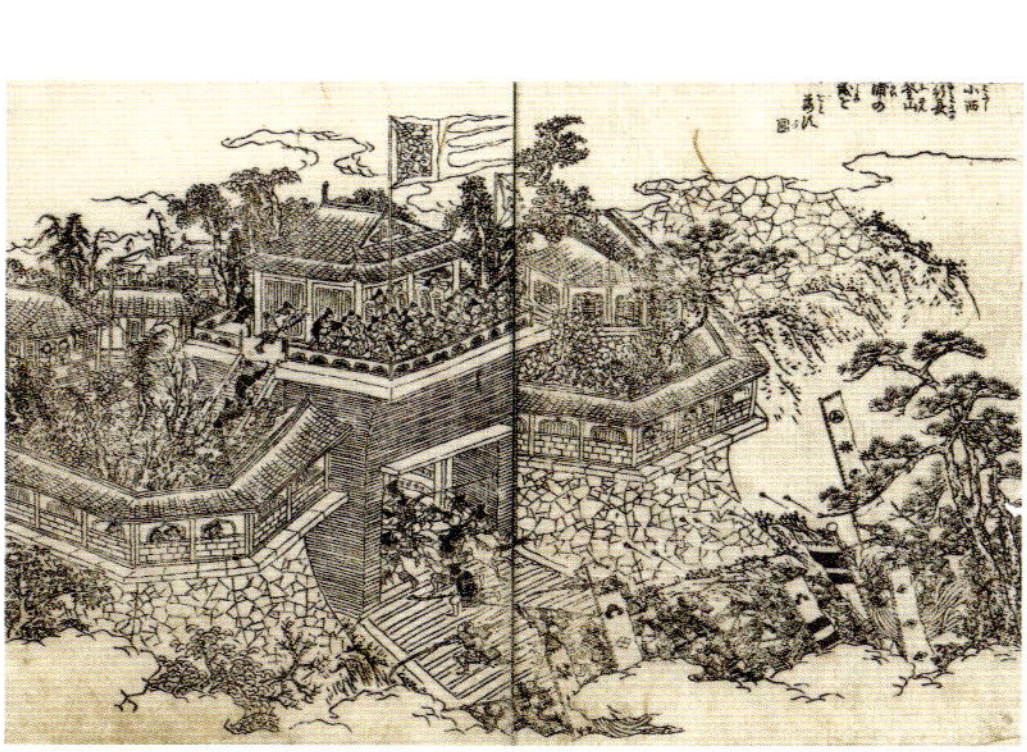

「小西行長釜山浦の城を落す図」■朝鮮出兵における最初の戦闘で、ここから本格的な攻略戦が始まった。釜山浦はこの後、日本軍の輸送拠点となる　「絵本太閤記」当社蔵

＊焔硝■煙硝。硝石のこと。黒色火薬の製造に不可欠な原料で、戦国時代に鉄砲が伝来し、重要性が高まると、硝石の需要が増し、中国や東南アジアから盛んに輸入された。後に日本でも生産が始まり、加賀や飛騨などが有名な生産地となった。

忠州において小西らに追いついた清正・直茂らは、五松原という所で先陣について論議した。そして、忠州から都までは南大門から入る道と東大門から入る道とに分かれて進むことになり、地理にくわしい小西らが近道をとり、五月二日に最初に京城に入り、清正・直茂らはすこしおくれて南大門より入京した。

二十三日、行長・清正・直茂らは雨のなか京城から出陣し、二十五日に臨津江に至り、対岸に布陣していた朝鮮軍申佶の軍を船軍で破り、二十七日に開城を陥落させた。このとき、直茂は安城駅という古寺に陣している。六月一日、小西らは李昖王を追って平壌に進み、清正・直茂らは二王子を追って咸鏡道に進ことになった。六月二日には地域の住民と交戦し、五日には西江において敵船と交戦した。六日に渡河し、十日にはいよいよ咸鏡道に入って、深山幽谷を越えること九日目にして安辺に至り、食糧補給のためすこしの間逗留し、直茂は二十六日に徳原城に入った。その後、清正・長毎は二王子を

釜山鎮殉節図（複製）■釜山城を攻撃する日本軍の様子が描かれている　佐賀県立名護屋城博物館蔵　韓国国立陸軍博物館原蔵

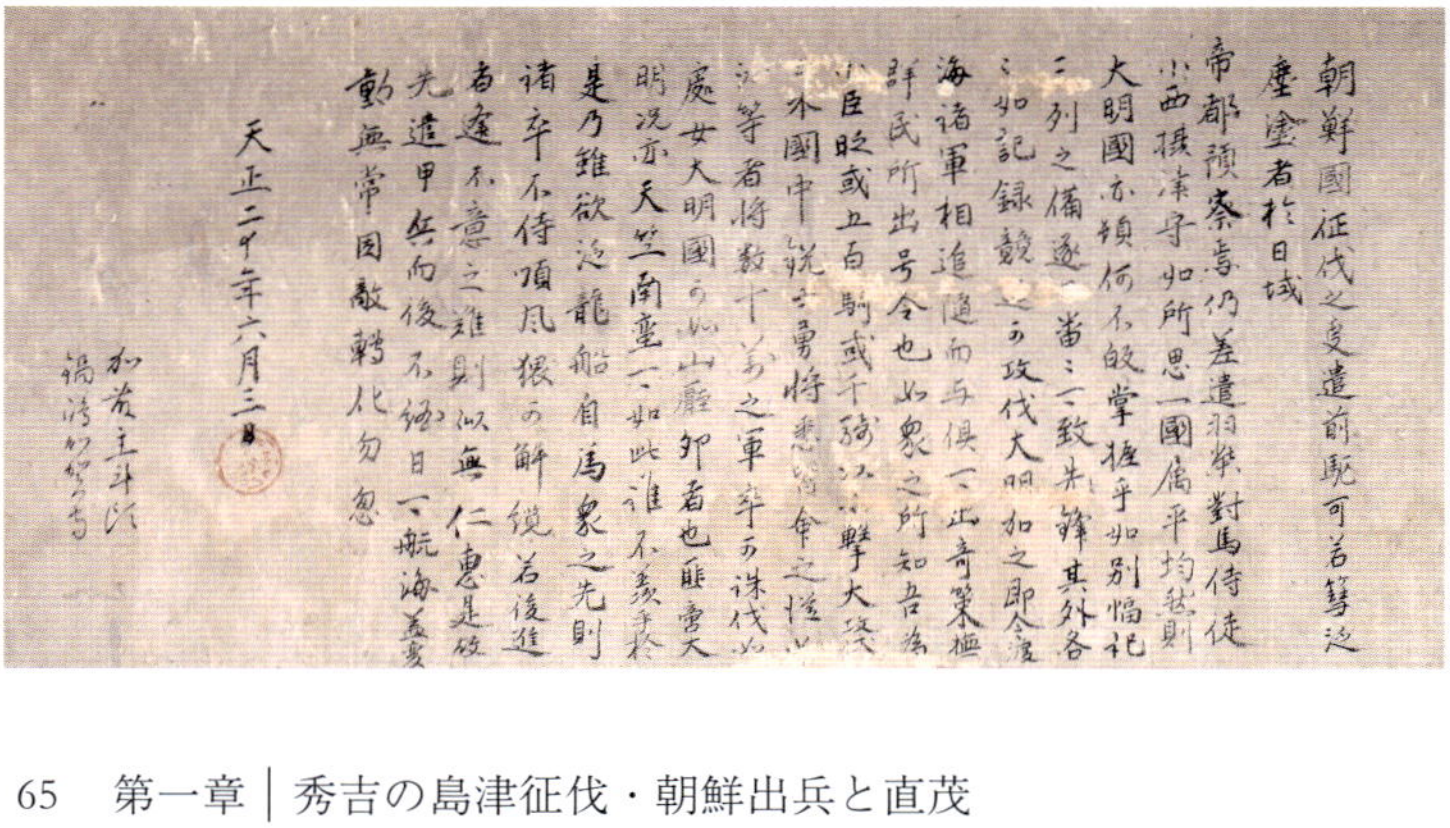

朝鮮國征伐之先遣前駈可為築之
壘塗者於日域
帝都預奏聞仍差遣羽柴對馬侍従
小西摂津守如所思一國属平均訖則
大明國亦頓何不啓掌握乎如別幅記
二列之備逐一着一一致先鋒其外各
一如記録競之可攻伐大明加之即今渡
海諸軍相追隨而再俱一此奇策極
鮮民所出号令也如衆之所知吾為
小臣或五百騎或千騎以[illegible]擊大敵
一本國中鋭士勇將悉皆命之[illegible]
[illegible]等者將數十万之軍卒可誅伐
處女大明國乃如山壓卵者也匪啻大
明況亦天竺南蛮一一如此雖不[illegible]
是乃雖欲從龍船自馬衆之先則
諸卒不待順風猥可解纜若後進
者遂不意之雖則似無仁恵是故
先遣甲兵而後不經日可航海[illegible]
動無常因敵轉化勿忽
天正二十年六月三日
加藤主計頭
鍋島加賀守とのへ

天正二十年六月三日付け鍋島直茂・加藤清正宛て豊臣秀吉朱印状■漢城陥落の報せをうけた秀吉が、ほかの大名とともに明国へ侵攻するように命じている　佐賀県立名護屋城博物館蔵

追ってさらに進んで会寧に至り、七月二十二日、鞠景仁（府使）との取引により二王子を捕らえた。

清正の出陣に、直茂は龍造寺家晴・後藤家信・鍋島茂正《しげまさ》を加勢として出陣させ、直茂自身は吉州に入り、咸鏡道の城を固めようとして、清正らと分かれて行動した。このことは、清正とともに行動すれば戦功はすべて清正のものになり、自分にとっては何ら得るところがないと考えたからだといわれる。

直茂は、徳原より文川・高原・永興・定平と進み、七月二十一日に咸興城に入った。八月十三日には吉州の安平を降し、洪原・金山蔵床・長橋の城を降して咸興に帰った。ところが、ここでようやく朝鮮の義兵が挙兵し、咸興の地域住民が五、六万ばかり北青に集結し、直茂の陣を脅かしたが成富茂安により粉砕された。

九月十一日、清正らが二王子を連れて安辺に帰ると、清正と今後の咸鏡道の支配について話し合い、直茂は咸興・徳原・文川・高原・永興・定平・洪原・金山蔵床の八城を受けもつことになり、各城に城代を置き、咸興城に入った。

兵糧については現地調達をおこなっていたが、十分に手に入らず、本営からの補給も不可能で苦慮したものの、徳原城の鍋島茂里は制法をしき、高札を出して地域民を還住させることにより、兵糧を年貢として徴集した。これは、六月二日付けの秀吉書状に「手前請取りの所、政道、法度以下日本の置目の如く申付け、百姓召置き、年貢諸物成取納むべく候」と命じているところからもうなずける。このころ、直茂

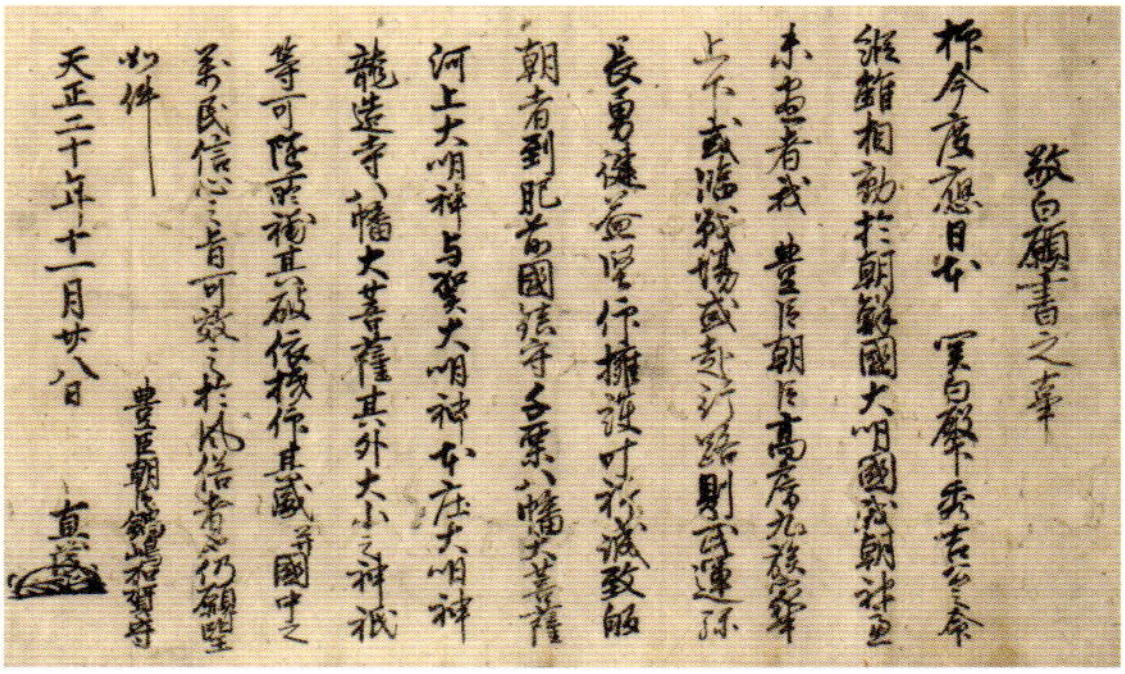

天正二十年十一月二十八日付け鍋島直茂願文■朝鮮出兵中の直茂が、肥前国の鎮守である千栗八幡宮・河上大明神・与賀神社などに対して、家中の武運を祈念している　坊所鍋島家文書　佐賀県立図書館蔵

図４　文禄の役における直茂の進軍図　佐賀県立名護屋城博物館展示図録『大名たちの文禄・慶長の役』掲載図を基に作図

の従軍僧＊泰《たい》長《ちょう》院《いん》是《ぜ》琢《たく》は朝鮮郷吏に宛てた榜文（お触れ書き）などを作成している。

清正や直茂ら九州の大名は、一般に貿易の利益を得ていた点から、朝鮮出兵が起こると大陸に領土を求めており、直茂も清正に頼んで、秀吉に「肥前の国の儀、大唐へのお渡口にて御座候条、高麗辺にても如何様にも思召あてがわれ、右の肥前国の儀は召上げられ候様に」といい、その理由として「肥前浦の者ども過分にははかん（八幡）商売に罷越、大唐にありつき候て居中候間、是非に大唐遣わされ候事」としている。このような点からも、支配地経営に腐心していたことがわかる。直茂が肥前を返上して大唐・高麗に土地を得ようとしたことは、龍造寺旧臣とも合議のうえだといわれ、ただ秀吉の機嫌を伺っただけではなかったようだ。

九月中旬になると、直茂らは食糧不足や冬の気候、本格的に組織された朝鮮の義兵に悩まされ始める。十月中旬、咸興に地域民の反撃が起こり、代官を十数人殺したので成富茂安の軍勢が追い散らし、直茂自身鑓をふるった。地域民は半弓を使い、騎馬戦法であった。そこで作戦をねり、十一月十日、三千余りの軍勢で大雪の中を地域民討伐に出発し、村里に放火し、数万の地域民を咸興において破り帰陣した。十一月十二日、十八日と地域民討伐に出撃し、十八日には近況を安辺の清正に連絡している。

なお、直茂に渡海のことを頼んでいた龍造寺政家は、黒田孝高らの口添えで十二月十四日に秀吉から許しがでて、文禄二年四月二十八日に釜山浦に到着している。

平壌落城の図■大洞江の戦いを経て平壌城を落城させた小西行長らは同城の改修をおこなった。こののち、本格的に明軍との戦闘に突入していくことになる
「絵本太閤記」当社蔵

＊泰長院是琢■直茂に従って朝鮮に渡り、朝鮮側との文書での交渉や祈祷に携わった。朝鮮滞在中の日記を残しており、貴重な資料となっている。なお、泰長院は天文五年（一五三六）に龍造寺胤久によって建立された寺院である。

和平交渉により京城を撤退

文禄二年（一五九三）正月七日、平壌の小西らは、李如松の率いる五万の明軍に敗れ、京城に撤退した。京城の小早川秀家《ひでいえ》らから撤退命令を受けた清正・直茂は、朝鮮義兵と寒冷な気候と食糧不足に悩まされていたため撤退を決心し、清正は二王子を咸興城の直茂に預け、地域民に包囲されている諸城の友軍撤収のため正月十日に出陣し、二月十一日に咸興に帰った。十二日には咸鏡道を撤退し、朝鮮義兵の少ない江原道を通り、大雪の中を進んだため、凍死する人馬が少なくなかった。

二月二十八日、清正・直茂らは消雪の大雨の中を、死臭ふんぷんたる京城に入ったといわれる。清正・直茂は、二月十六日の秀吉の命に従い、京城と開城の間に在陣した。そのときの直茂の軍勢は、七千六百四十四人に減っていたという。多くは馴れない気候と食糧不足のために死んでいった。三月中旬、竜山の食糧庫を焼かれ、明の沈惟敬との和平が

加藤清正肖像■清正が京都本圀寺塔頭の勧持院を訪れた際、中河寿林が描いた寿像とされ、同院に伝来した　大東急記念文庫蔵

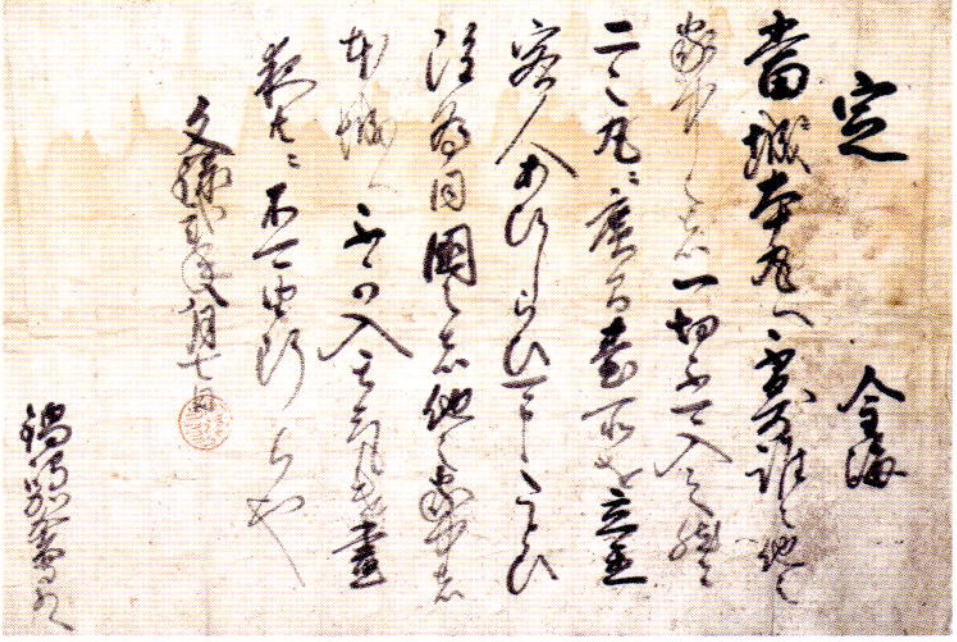

文禄二年八月七日付け鍋島直茂宛て豊臣秀吉朱印状■金海竹島城に在陣中の直茂に宛てられたもの。同城の本丸には他家の者は入れないことなど、警備を強化するように命じられている　佐賀県立名護屋城博物館蔵

進んでいるとき、清正・直茂はなお京城撤退に反対している。

和平交渉は一段落をつげ、四月十八日、日本軍は京城より撤退した。そして、慶尚道沿岸に城を築いて屯営し、和平のなりゆきを見守ることになる。直茂は撤退部隊の殿軍《しんがり》を務め、京畿・忠清・慶尚の三道を越えて五月十七日に蔚山《ウルサン》に到着し、秀吉の命により西生浦に在陣した。

秀吉は和平交渉を有利にしようと、前年十月に敗北した慶尚道の晋州城攻撃を命じた。直茂は西生浦を出陣したが、大河洛東江にさえぎられ、一日おくれて着陣し、総攻撃の日、島津・立花らとともに西の口より攻めたが落とせず、二十九日に清正の作戦により陥落に成功した。

七月二十七日の秀吉の命で、直茂は五千の軍勢とともに金海城（竹島）と端城一つを支配し、鉄砲二百挺、弓三百張、鎚二百本、米七千五百石、豆五百二十五石などを蓄え、十ヵ月は籠城できるように備えた。いよいよ二年目の冬を迎え秀吉は、「炭多く焼候て冬になり候はば、こたつろたつをさし候て下々へ遣わすべく候」とか、「下々迄焼火を仕り、ひえぬ様に之ありて煩わざる様に仕るべく候」と命じている。十一月三日、直茂と清正は明将劉綎を安康に攻め、呉惟忠らを破り、三百余人を討ち取った。この後、和平交渉のため戦闘はなく、慶尚道沿岸に十八城を築き、九州・中国・四国の軍勢が約四、五万駐留したが、他は帰国していった。

直茂は金海城の守りを堅くし、兵糧を蓄え、持久戦にはいった。また、虎狩りを

金海竹島城跡の石積み■鍋島直茂が築城したと伝わり、朝鮮滞在中の直茂の拠点となった。金海平野や洛東江などが一望できる戦略的に重要な地だったとされ、防備を固めるよう、秀吉からの指示も出されている（前ページ写真参照）　写真提供：植本夕里

図５　慶長の役における直茂の進軍図　佐賀県立名護屋城博物館展示図録『大名たちの文禄・慶長の役』掲載図を基に作図

したり、「細工つかまつる者、縫官、手のきき候女」などをあつめ、縫官二名を秀吉のもとに送っている。

■ 秀吉から帰国命令を受けるも動かず ■

文禄三年（一五九四）正月、直茂は五十七歳となる。三月に入り、秀吉は「請取りの城々丈夫に申付け、兵糧・鉄砲・玉薬《がんやく》以下入れ置き、心元無き儀これなき様に申付け帰朝つかまるべく」と諸将に命じているが、直茂ら九州勢はなお残り、置兵糧を五千石、石火矢二挺、薬三百斤、玉三百斤を受けている。

六月二十八日、明国の和平使節に秀吉は、「大明へ遣わさるる御一書」を遣わし、名護屋より送った。同日、直茂に宛てて明との交渉がうまくいったことを告げ、「釜山海、金海、こもかい（熊川）など四五ヶ城の事は、先ず残し置かれ、其の城の儀、慥《たしか》の留守申付け候はば、其元見はからい不図帰朝つかまつり候て、国本用所など申付け、お目見つかまつり候てまかり渡るべく候」と書き送っている。

しかし、直茂はなお金海城に居残り、古くなった兵糧米を新米と入れ替えたり、虎狩りをおこない、秀吉の命に従い在番の城兵を半分ないし三分の一を残し、交代で帰国させている。直茂は、虎の頭・骨・肉・肝などを目録をつけて送ったり、朝鮮干鱈《ほしたら》三百斤を贈り、秀吉の意を伺っている。

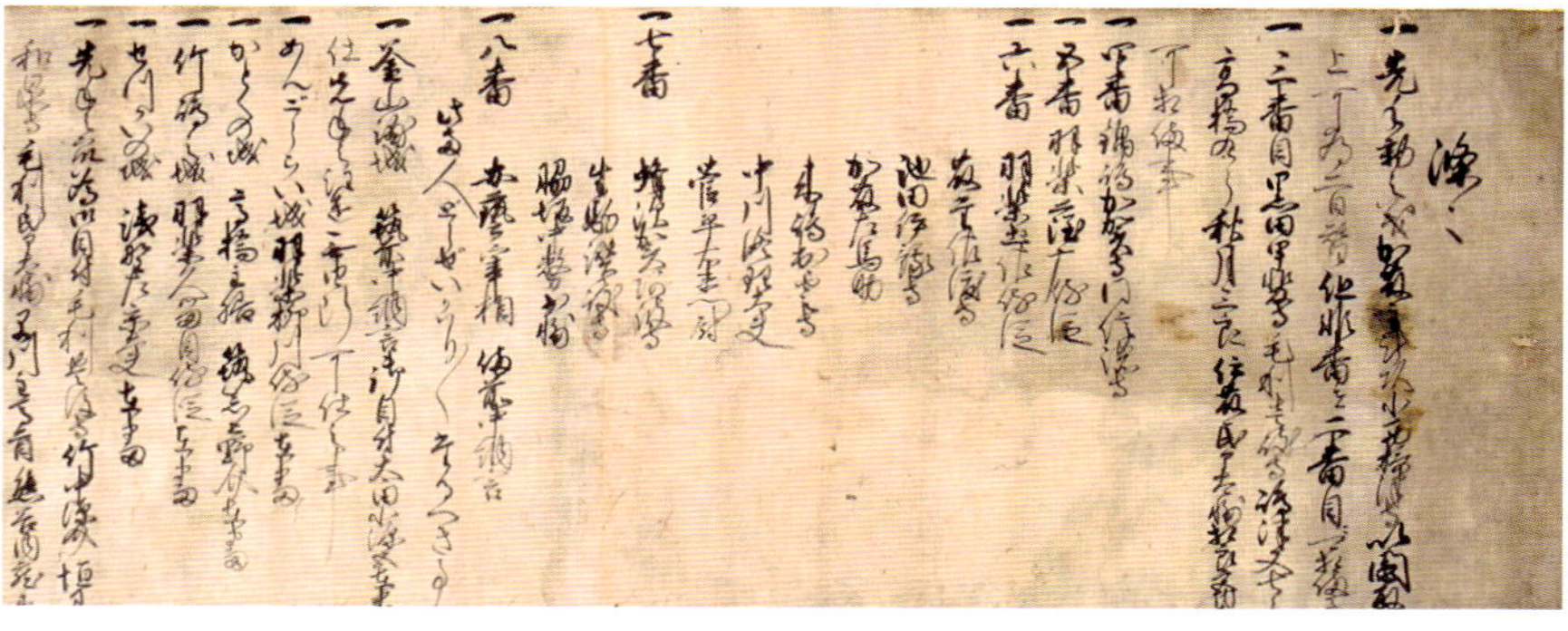

文禄四年、朝鮮での三度目の正月を金海城で迎えた。四月には虎狩りの中止令を受け、城内の兵糧を新米と入れ替え、それまで五ヵ城で慶尚道沿岸をおさめていたうちの熊川城を壊し、日本より伝わる関白秀次《ひでつぐ》の事件を思いながら一年間を過ごした。

■ふたたびの朝鮮出兵―慶長の役の開幕―■

文禄五年（一五九六）、四度目の正月を迎え、直茂は五十九歳になった。朝鮮に在陣している諸将のうちで最年長であったという。ようやく明から派遣された和平の勅使を、直茂は五月に朝鮮において饗応している。九月一日、大明の勅使は大坂城において秀吉に謁し、*明王の国書《こくしょ》を呈した。しかし三日、秀吉はその内容を知って怒り、再征を諸臣に命じた。慶長の役の開幕である。

九月七日付けで秀吉は、金海城の直茂に書を送り、明国とのことにはふれず、「朝鮮王子差し渡さざる段、不相届の儀」として、「其方手前の人数の半分を信濃守（勝茂）に相付け、普請在番堅く申付け、其方こと替り候て帰朝せしめ、用所申付け、重ねて渡海せしむべく候、若し帰朝つかまつり候はずば曲事たるべく候、数年あい詰候間、早々替り候て、用所など申付け、お目見をもつかまつるべく候」と命じ、十月二十八日には「信濃守（勝茂）遣わされ候、参着次第、早々帰朝せしめん」として

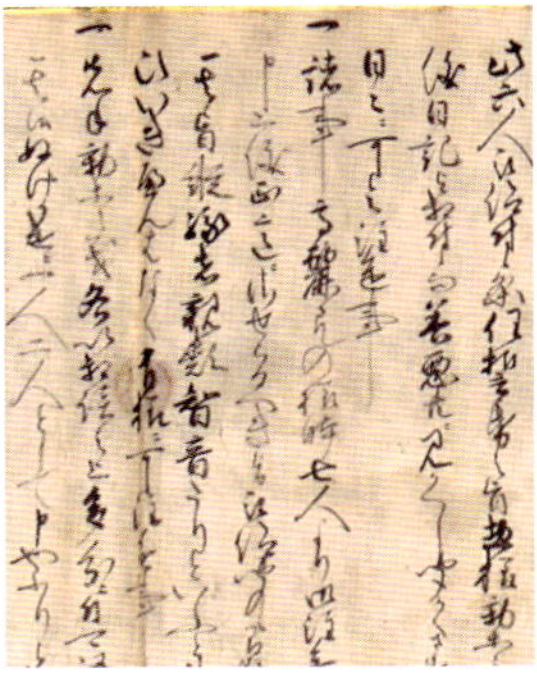

慶長二年二月二十一日付け生駒親正宛て豊臣秀吉朱印状（部分）■二度目の朝鮮出兵となった慶長の役に際して、出陣する大名たちに示された陣立。このうち第四軍に直茂（鍋島加賀守）と勝茂（同信濃守）の名がみえる　佐賀県立名護屋城博物館蔵

*明王の国書■文禄の役の後、明王は秀吉に対し、日本国王の称号と金印を授けるために沈惟敬をはじめとする使節に国書をもたせて来朝させた。しかし、明が降伏したという報告を受けていた秀吉は驚き、講和交渉に際して自らが要求したことが全く受け入れられていないことに激怒し、慶長の役の開戦となった。

いる。

直茂はこの年六月二十一日、嫡子勝茂に対し、龍造寺一類など大身の家臣より連判の誓書をとり、「藤八郎様、加賀守（直茂）殿御事は新しく申し上ぐるに及ばず鍋島信濃守（勝茂）殿に対して彼の連判衆中として向後において二心疎心なく身命の限り御用にまかり立つべき事」として、藤八郎、直茂と同じく、勝茂も直茂の嫡子としてその地位を認められたことがわかる。慶長二年（一五九七）正月十三日、勝茂は竹島に着陣しており、直茂が帰朝したのはそのあとと考えられる。ときに勝茂は、十八歳であった。

二月二十一日の秀吉の書状において、先手《さきて》を加藤清正・小西行長とし、全部で八番に分け、十四万千五百人の再征の軍陣が発表され、直茂・勝茂は四番一万二千人となっている。直茂は佐賀には寄らず上坂し、四月四日に大坂に着き、六日に登城して秀吉に謁している。六年ぶりの帰朝である。秀吉はそのとき太刀と道服《どうぶく》を脱いであたえ、銀五十枚

を贈り、これまでの老将の苦労をねぎらっている。このとき秀吉のそばには秀頼《ひでより》もいたらしく、その様子を佐賀の鍋島房茂《ふさしげ》に伝えている。

五月九日には自宅に秀吉を招待して茶会を催し、このとき藤八郎を秀吉に面会させた。直茂は藤八郎と増田長盛《ましたながもり》の娘との縁組を願うが、秀吉は藤八郎の家督すら許さず、知行役を直茂に命じ、藤八郎に千石か五百石をあたえ、家臣にするようにといったという。

■朝鮮で奮戦するも秀吉の死により帰国■

五月十一日、山里の茶亭に織田有楽《うらく》・生駒《いこま》雅楽《うたの》頭《かみ》・寺沢広高《てらさわひろたか》とともに招かれ、再度朝鮮へ渡海し、蜂須賀《はちすか》・安国寺の軍議を助けるように内命されたといわれ、五月下旬には大坂を発ち、途中で朋友小早川隆景を病床に見舞い、六月上旬に佐賀に着き、塚崎（武雄《たけお》）で湯治《とうじ》などして、中旬には伊万里より渡

朝鮮軍陣図屏風（第二隻）■蔚山をめぐる攻防を描く。手前が日本軍で、奥が明・朝鮮軍　公益財団法人鍋島報效会蔵

海している。

七月十五日の巨済島沖海戦に勝利を得て、日本水軍ははじめて制海権を握るが、このとき勝茂は初陣を遂げ、成富茂安は七百余人を討ち取ったという。八月の慶尚道南原城攻略において、直茂は毛利秀元《ひでもと》を将とした加藤清正・黒田長政らと全羅道黄石山城を攻め、八月十六日に陥落させた。八月二十日には清正らと全羅道加羅為山城を攻め、二十一日に陥落させ、八月二十三日には全羅道金溝金堤において明軍と交戦している。直茂はこのあと昌原城に帰陣するが、勝茂は康津まで進み帰陣した。

この間に、勝茂が秀吉に送った敵兵よりそいだ鼻の数は五千四百余にのぼったという。なお、この年の末に城替えがあり、直茂・勝茂は昌原城より咸安城に入った。

慶長三年（一五九八）正月、直茂・勝茂は親子そろって咸安城で越年し、直茂は還暦の齢を迎えた。前年十二月二十二日より明軍に包囲され、飢えに苦しむ慶尚道蔚山城の加藤清正・浅野幸長《ゆきなが》を助けようと、正月二日、毛利秀元を将として、直茂・蜂須賀家政《いえまさ》・毛利吉成・黒田長政は一番手となり進発し、三日より攻撃に移り、四日になって明軍を退けた。

このとき諸将は、老将直茂に作戦を求めたので、いったんは辞退しながらも答えて、三十万からの明軍を攻撃するにあたり、囲みの弱い所を自分の軍勢で攻撃するので、その様子を見て作戦を練り、総攻撃に移るように献策し、みずから千六百の

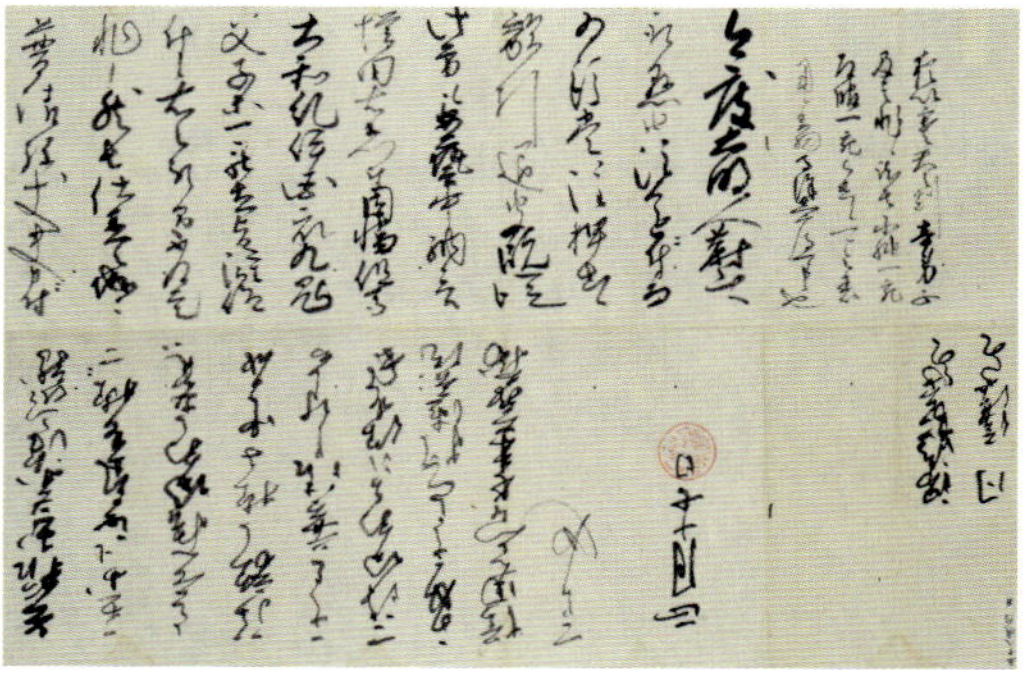

（慶長三年）正月十七日付け鍋島直茂・勝茂宛て豊臣秀吉朱印状■蔚山城救出の報せを聞いた秀吉が、引き続き倭城の普請強化と兵糧等の備蓄を命じている。また、小袖等を遣わすとしている　公益財団法人鍋島報效会蔵

軍勢を率いて明軍に攻撃を加えたといわれる。

正月二十七日、秀吉は直茂・勝茂に書を送り、「五里三里の間、日々に*物見《ものみ》を遣わし、様子を見計らいその気遣肝要に候」と命じ、蔚山の二の舞をしないよう警告し、明軍の半弓に対し、「半切の楯数多く用意せしめ尤に候」と命じている。しかし、島津の泗川、小西の順天のように、明兵に包囲されることはなかった。

小西が海陸から順天城に包囲されたときは、援兵のため固城に寺沢広高・立花宗茂と評議し、直茂は敵水軍の大軍をみて単なる烏合《うごう》の衆ではなく、何か意図するところありとして、小勢にて攻めるより大勢にて攻めることを主張した。だが、寺沢広高は敵の大軍を烏合の衆とみて、小勢にても攻めようとしたため意見対立し、直茂は竹島に帰ったという。

八月十五日、秀吉は伏見《ふしみ》で死去し、遺言により、五大老は九月五日、朝鮮に在陣する日本軍に帰国を命じた。直茂と勝茂は、加藤清正・黒田長政らと十二月二十三日に釜山浦を出て、博多に帰陣した。

直茂ら、九州大名の朝鮮経営の夢は破れた。

鍋島平五郎（茂里）のもとで朝鮮出兵に参加した田尻鑑種は「高麗日記」を残しているが、不幸なことに、鑑種とその子家和《いえかず》の両人は朝鮮で没する。この田尻家の相続について、直茂は心を尽くしたといわれ、前後七年に及ぶ朝鮮出兵中に、龍造寺軍団の中での主従関係を堅固なものにした。

*物見■斥候のこと。合戦において戦況や地形などの偵察をおこなった。

豊国神社■豊臣秀吉を祀り、社名は秀吉が与えられた「豊国大明神」に由来する。秀吉の死後、朝鮮との和平交渉は徳川家康の意をうけた対馬の宗氏によっておこなわれた　京都市東山区

第二章　関ヶ原から大坂の陣とかけぬけた晩年

■上杉景勝討伐に伴い九州の守りを固める■

慶長三年（一五九八）十二月に帰国した直茂と勝茂は、佐賀に帰らず上坂した。そして藤八郎・直茂・勝茂は、慶長四年の正月を大坂で迎える。直茂は秀吉の死去後、黒田長政や佐賀出身の高僧元佶《げんきつ》に頼み、徳川家康にとりいった。

これは朝鮮において、加藤清正・黒田長政らと一派をなしたため、小西行長のつながる石田三成《いしだみつなり》とは相いれなかったためであろうか。三月には前田利家《まえだとしいえ》が死去し、直茂は「過半*内府様《だいふさま》（家康）御存分のままに罷《まか》り成る躰」と情勢判断をして、大坂・伏見に藤八郎と勝茂を残し、佐賀へ下国している。これは七年間の朝鮮在陣のため、佐賀領国内の施政がなおざりにされていたためでもある。しかし、九月の重陽《ちょうよう》の節句《せっく》の事件が起こるや、十月下旬には上坂している。

慶長五年、藤八郎・直茂・勝茂は大坂において年を越したが、六月十五日に家康が上杉景勝《うえすぎかげかつ》討伐に出兵すると、直茂は加藤清正らと九州の守りにつくように命じられ、佐賀に下国している。このとき、藤八郎と勝茂は大坂に残し、家臣に対して「若

大坂城跡■秀吉によって築かれ、豊臣政権の拠点であった。現在の城は豊臣家滅亡後に徳川家によって改修されたもの。天守は戦後の再建　大阪市

輩に候といへども、信濃守（勝茂）下知次第に仕るべき事」と掟を出している。
勝茂は、黒田長政に上杉景勝討伐に従軍するように促されるが、武具の不拵とか、腫れ物のできたことを理由に出陣をのばし、ようやく七月初旬、毛利吉政と大坂を出陣した。しかし、近江愛智《えち》川に至り、関を設けた石田正澄《まさずみ》にさえぎられ、毛利輝元らに説得されて大坂に戻っている。

八月一日、石田三成ら五奉行の命で、勝茂は藤八郎とともに四千五百余りの軍勢で伏見城攻撃に参加し、次いで八月二十二日には伊勢阿濃津《あのつ》城攻撃にも加わった。また、伊勢松坂《まつさか》城を攻め、福島正則の伊勢長島《ながしま》城を牽制して野代に陣取ったため、関ヶ原には出陣していない。

この間、大坂城に人質としてあった勝茂の母（陽泰院）は、藤八郎の初陣を心配し、「信濃若輩にて候間、万事ごらんあわせ、ご意見、これまた深々頼みあげまいらせ候」と家臣に書を送っている。

佐賀にあった直茂は、豊前の黒

黒田長政肖像■福岡市博物館蔵

＊内府様■内府は内大臣の唐名で、ここでは徳川家康のことをさす。

松坂城跡■蒲生氏郷によって築かれ、当時の城主は古田重勝。江戸時代には松坂藩の藩庁となった。整然と積まれた石垣が見事で、国の史跡に指定されている　三重県松坂市

田如水と情報を交換しているが、西軍方の豊後の森兵庫とも情報を交換し、遠路のため助勢が困難なことを伝えている。九州では、黒田如水は豊後の大友吉統《よしむね》（中《ちゅう》庵《あん》）を攻め、肥後の加藤清正は宇土の小西行長の城を攻めている。

■柳川城の立花宗茂を攻める■

関ヶ原の西軍敗戦の報を聞くと、勝茂は野代を退き、伊賀路をへて九月十八日に大坂の玉造《たまつくり》屋敷に入った。そして「今更の御行掛直茂公の御心に応ぜざれず候」と切腹を決意するが、家臣になだめられ、黒田長政・井伊《いい》直政《なおまさ》・*元佶三要《さんよう》らに仲介を頼んで家康に罪を謝った。

九月二十五日には伏見で家康に謁し、許されて西軍の立花宗茂討伐を命じられた。藤八郎は大坂に残り、勝茂は宗茂の居城柳川にむけて大坂を船出したが、直茂の命により、十月十一日に佐賀に帰着した。この間、佐賀にあった直茂は、勝茂の西軍加担、関ヶ原の西軍敗戦を聞き、「深きご思慮なされ、其趣主水茂里へ仰せ聞かされ御覚悟なされ候」とあるので、お家とりつぶしのような大事に至った場合を考えていたようだが、罪を許されたため、立花宗茂討伐に国をあげて向かうのである。

直茂と勝茂は諸臣を集め、評議した結果、主だった家臣は直茂・勝茂に誓書を捧げ、男子は十六歳から六十歳まで召集し、三万余りの軍勢となし、鍋島茂里を先手とし

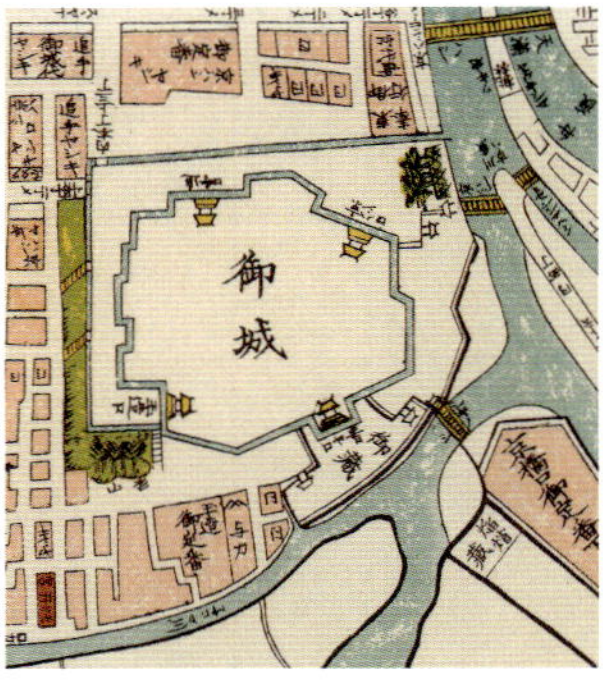

「大坂細見図」に描かれた大坂城周辺■城の西南部が玉造であり、鍋島家の屋敷も周辺にあったのだろう

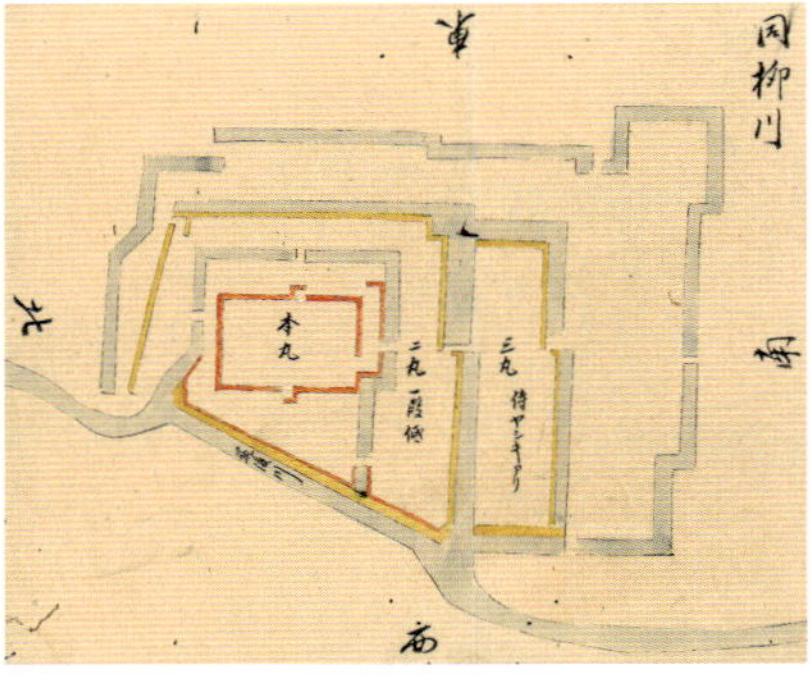

「近世城図」に描かれた柳川城■当社蔵

て十二隊に分け、決死の覚悟で十月十四日に佐賀を出馬した。筑後川を住吉の渡しから渡河し、大善寺に入り、まず西軍の毛利秀包の久留米城をおさえ、南下して瀬高を放火し、柳川北方の城島に陣して、十月十九日、使いを柳川城に遣わし、開戦を報じた。

一方、立花宗茂は加藤清正の言葉に従い、家臣を本多正信《ほんだまさのぶ》のもとに遣わし、家康に罪を謝している。そのため、家康は決定的な勝敗を求めておらず、検使《けんし》として黒田如水と加藤清正を遣わし、勝敗のみえたところで戦いを中止させようとした。

十月二十日、八院《はちいん》において佐賀勢の先手鍋島茂里の軍勢と柳川勢の小野鎮幸《おのしげゆき》らの軍勢がぶつかり、鉄砲数百挺を使った佐賀勢が勝利したところで如水・清正の検使が中に入り、立花宗茂は城を下り、南ノ関に蟄居《ちっきょ》し、柳川城は清正が受けとった。

立花宗茂肖像■福岡県柳川市・福厳寺蔵
写真提供：柳川古文書館

直茂・勝茂ら佐賀勢は、さらに島津討伐のために肥後佐敷《さしき》まで進出したが、家康の命により佐賀に帰陣する。

柳川の一戦によって二百余りの戦死者を出したが、これによって佐賀は安堵されたのである。

直茂は諸臣の奮戦をねぎらい、勝茂はこのことを「藤八様へも早々に申し登す

＊元佶三要■肥前千葉氏の被官野田氏の生まれで、直茂が鍋島氏に戻る際に家臣となり、江戸幕府が成立すると徳川家康のブレーンの一人となった。

本多正信肖像■東京都台東区・徳本寺蔵

鍋島茂里の墓■佐賀市・妙玉寺

べく候」と、龍造寺茂綱《しげつな》（家信の子）に書を送っている。

■徳川政権下における龍造寺氏との関係■

慶長六年（一六〇一）春、直茂は佐賀領の安堵を受け、それに対し、弟忠茂《ただしげ》を人質としてだしている。慶長八年、直茂は駿府《すんぷ》に上り、家康に謁している。このとき、家康は勝茂に従四位下《じゅしいのげ》の位をあたえたが、直茂は主家藤八郎がいまだ無官のためこれを辞退し、藤八郎に諸大夫《しょたいふ》、駿河守を受け、高房《たかふさ》と名乗らせた。

勝茂は戸田勝隆の娘と死別したため、慶長十年に家康の養女となっていた岡部《おかべ》長《なが》盛《もり》の娘（高源院《こうげんいん》）と縁組みした。このため、将軍家と鍋島氏の関係は緊密になるのに対して、高房は慶長七年に毛利輝元の娘との縁組みが破談になったため、鍋島茂里の娘と結婚している。慶長十一年正月、龍造寺・鍋島両氏の大身家臣たちは連署して、直茂・勝茂に対して「世上如何様の転変の儀候とも信濃守殿一篇に覚悟いたすべく候」と誓書を出している。

七十歳の直茂は、勝茂に対する家臣の忠節を望まずにはいられなかった。慶長十二年三月三日、江戸屋敷において龍造寺高房は妻を殺害し、みずからも切腹したが未遂に終わるという事件が起こった。幕府から本多正信・大久保《おおくぼ》忠隣《ただちか》が出張し、高房に理由を聞きただしているが、十分な回答をえていない。

徳川家康肖像■東京都台東区・寛永寺蔵

駿府城跡■嫡子秀忠に将軍職を譲った後の家康の本拠。直茂は同所で家康と対面した　静岡県静岡市

これまで高房が不満に思っていたこととして、幕府より命じられる城普請のとき、普請現場で「鍋島信濃守丁場」や「鍋島信濃守石」と表示されたり、杵島郡佐留志《さるし》に高房の居館の普請を命じているが、佐賀城内に変更するなど実現していないことが考えられている。

直茂はこのとき、久保田の政家の所に書（おくやみ状）を送って、隆信公の戦死後、自分が龍造寺家に対して並々ならぬ忠節をつくしてきたことを述べ、そのために家が連続していることを強調し、「今度藤八郎殿御腹召さるる儀、誰人におあて候哉」

龍造寺隆信・政家・高房像■佐賀県立博物館蔵

（右）龍造寺高房の墓（左）龍造寺政家の墓■ともに佐賀市・高伝寺

と糺している。ここからは、老齢の直茂の焦燥がうかがわれる。

高房は九月に入り、毒魚を食して馬を激しく乗りまわしたため傷口が破れ、死去したという。乗馬が巧みで、壮健な二十二歳の高房にとって、家臣たちが鍋島氏に服属し、主人としての自分の意志が通らないのを憤り、自殺したものであろう。政家も高房の死を追うように、隠居地久保田で十月に死去している。

■ 完成した佐賀城の五層の天守 ■

慶長十三年（一六〇八）十二月八日、佐賀城に五層の天守ができあがった。龍造寺氏の村中城《むらなかじょう》をもとに、慶長七年に本丸台所、八年に本丸、十年に東屋《あずまや》、十二年に西ノ丸矢倉《やぐら》をたて、十六年に大手が完成することにより、佐賀城は完成した。総奉行は鍋島茂里がつとめ、総大工は福岡出身の岡本安右衛門がつとめた。城下町の小路および町割は、村中城を中心に天正年間からはじまり、右近刑部ら御用商人の手にゆだねられた。

慶長年間の佐賀城下図によると、佐賀城の東北方向（柳町）に南蛮寺が記載されている。直茂はすでに、天正十年（一五八二）頃には秀吉に南蛮帽子を送っており、南蛮人との交流が知られる。ドミニコ会神父は、慶長十三年に佐賀に協会を造ったことを記録している。しかし、幕府の禁教令のもとで破壊されたものと思われる。

この年四月、高房の弟八助信清《のぶきよ》は直茂と勝茂に誓書を出し、「身命の限り別心なく無二の御用に立つべく覚悟残らず相部《はま》り候」と誓って、ここに龍造寺氏は完全に鍋島氏の臣下の立場に立つことになった。

慶長十五年、七十三歳になった直茂は、地位を勝茂にゆずり、多布施の館に隠居した。そして慶長十六年正月、岡本大八《だいはち》事件が起きる。これは、高来(長崎県島原)の有馬晴信が鍋島氏領下にある杵島郡・藤津郡は有馬氏領であるとして、本多正純《まさずみ》の祐筆《ゆうひつ》岡本大八と組んで起こした事件であるが、本多正信・正純、藤堂高虎《とうどうたかとら》らの理解と元佶三要の働きで無事決着する。

同年正月より勝茂は検地をおこない、名古屋城の普請加勢などの出費を名目に三分上地(知行地の三分一を召し上げ)をおこない、家臣の知行地をけずり、藩主の絶対権力の確立をはかった。

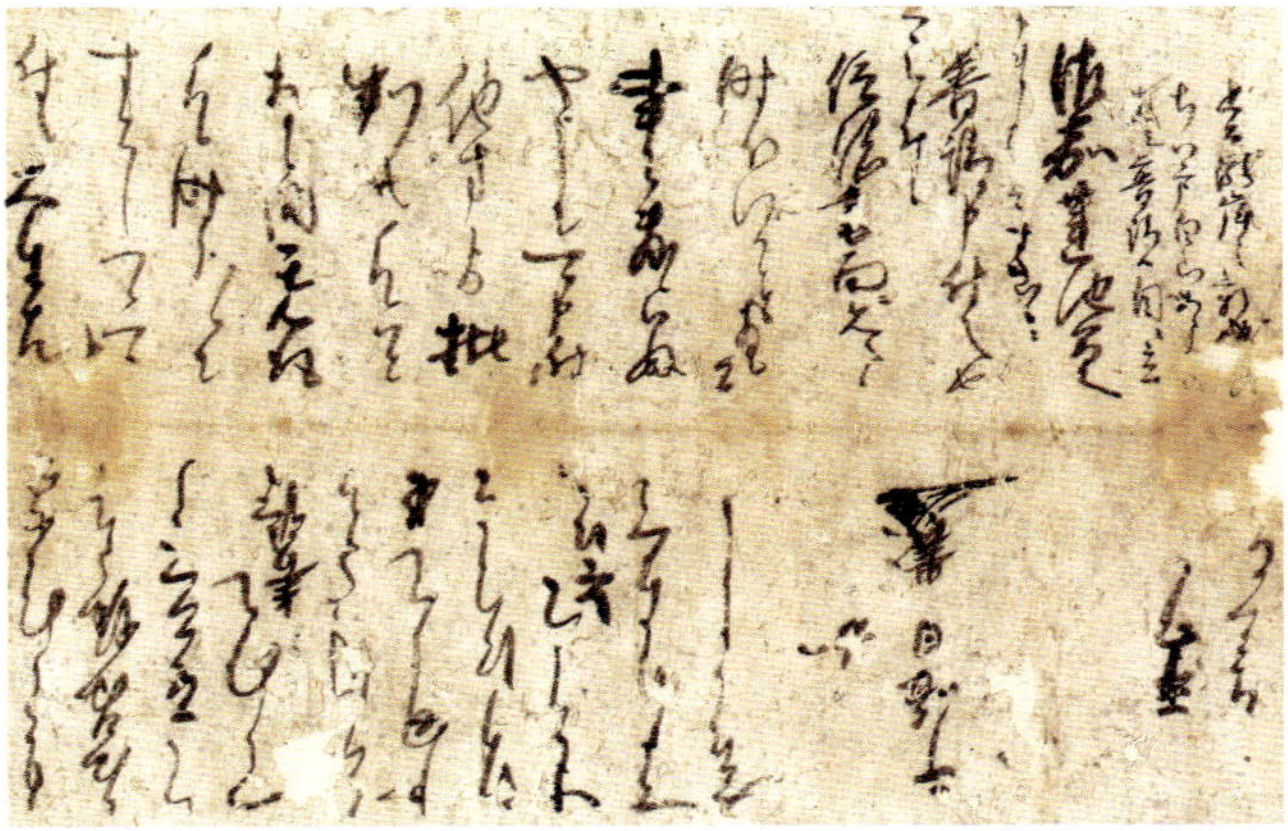

(慶長十二年ヵ)二月晦日付け平五郎・生三宛て鍋島直茂書状■城下の普請について、人目につきにくい「八戸・白山」から始めるように指示している　坊所鍋島家文書　佐賀県立図書館蔵

(右ページ)(右)佐賀城鯱の門　(左)佐賀城石垣■ともに佐賀県佐賀市。佐賀城の天守は小倉城を参考に建造されたが、享保十一年の大火で焼失し、以後再建されることはなかった。写真の鯱の門は、天保九年(一八三八)に完成した

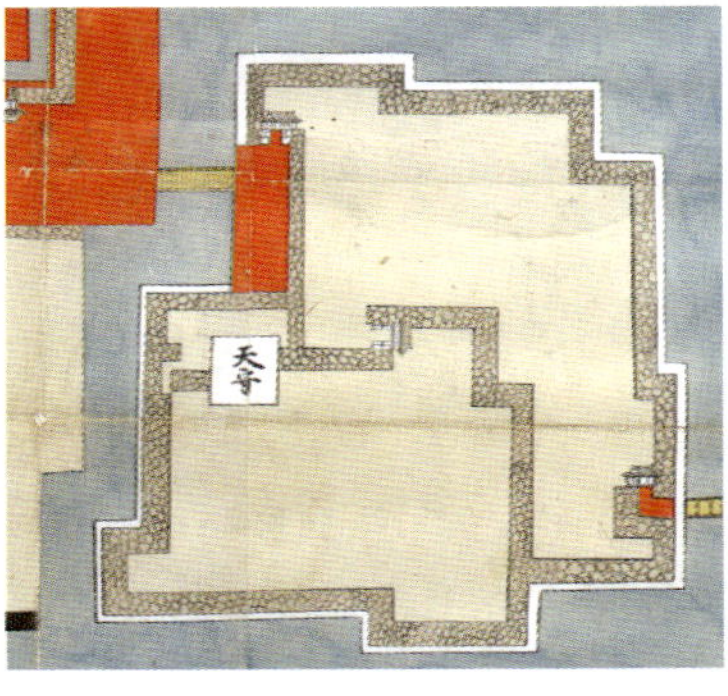

慶長御積絵図(写)のうち本丸部分拡大■直茂によって築城された佐賀城の本丸周辺。全体図については口絵参照　公益財団法人鍋島報效会蔵

■大坂の陣に参陣した勝茂■

慶長十九年（一六一四）、大坂冬の陣が起こるや、江戸城の普請加勢にあたっていた勝茂はすぐに大坂に出陣し、天王寺口で戦っている。国元の直茂に大坂城より十月二十六日に密書がきたが、紐も解かずに、誓書とともに本多正純に渡したとされる。おりふし、勝茂の庶長子三平元茂《もとしげ》は人質として江戸にあったが、直茂は国元より「若輩ながら格護《かくご》入るべく候、何事出来候はば是非御用のため一命相果つべき覚悟肝要に候」と、十三歳になる三平に言っている。

元和元年（一六一五）五月、大坂城の落城のときは、勝茂は下国していたため間に合わなかったが、西宮《にしのみや》（兵庫県西宮市）まで到着していたため、幕府に対する鍋島氏の忠節は認められた。

この年十一月には、高房の弟、村田八助・源四郎二人よりふたたび野心、邪心なき旨の誓紙をとり、鍋島氏は佐賀領主として、幕府に対しても龍造寺氏に対しても認められたのである。直茂は慶長七年に生まれた勝茂の庶長子、三平元茂を養子として養っていたが、元和三年（一六一七）に家臣と領地を譲り、のちの小城《おぎ》藩七万三千石のもとをつくっている。

小城鍋島家墓所■勝茂の庶長子元茂が、祖父直茂の隠居領であった小城を与えられたのがもとで、島原の乱鎮圧の功もあり、寛永十七年（一六四〇）に幕府から正式に分家として認められた。墓所には八人の藩主と親族の墓が並ぶ　佐賀県小城市・星厳寺

■直茂の死と処世訓■

元和三年（一六一七）春ごろより、直茂は耳にイボのようなものができ、勝茂のはからいで京都より慶祐《けいゆう》という外科医をよびよせ治療している。この年、直茂は三平を江戸から呼び返して会っている。元和四年五月、直茂は勝茂に対して、国政について九点にわたって説諭している。

症状は一進一退であったがますます腫れて、汁が流れ、食が進まなくなり、絶食の状態のもとに六月三日卒去した。法名は日峯宗智居士《にっぽうそうちこじ》と称し、多布施館内に宗智寺を建立して霊をまつった。享年八十一歳であった。

多布施の館に隠居してから、直茂は自分の体験より割りだした処世訓を来訪者に述べているが、一部は「聞書《ききがき》」として今日まで伝えられている。

変転きわまりない戦国の世に生きた直茂を、一つの主義・主張を持って主君に対して忠節をつくした律義な武将としてとらえることは困難である。隆信の幕下にあったころ、並いる隆信の家臣の中から頭角をあらわすことは、容易なことではなかった。そのために、非凡な戦術を駆使して戦果をあげているが、自己の作戦遂行のためには、たびたび独断的な行動をとっているため、他の家臣が隆信に讒言するところとなったが、多大の戦功は隆信をして直茂を重用させた。

一方、龍造寺氏の一家臣の地位において、小早川隆景・黒田長政らと意を通じ、

観音寺■鍋島家の菩提寺で、清久・清房・直茂・勝茂をはじめとする初期鍋島氏当主の位牌の他、過去帳等を所蔵している　佐賀市

直茂を祀る松原神社■佐賀市

直茂の夫妻の墓■向かって左が直茂、右の自然石が妻の陽泰院の墓。この自然石は朝鮮出兵の際に一夜の枕としたものと伝えられている　佐賀市・高伝寺

巧みに時の権力者であった秀吉や家康にとりいり、たびたび、大坂・伏見・駿府などに上って伺候している点は、直茂の情勢判断力の確かさと世渡りのうまさを示している。また、「情」をもって家臣および百姓たちと強く結んでいったため、家臣との強い主従関係、百姓らからは領主として深い崇敬の念をえている。このような点から、隆信亡きあと、直茂は政家や高房が御しうる人物ではなく、直茂の長命は平穏裏のうちに龍造寺氏から鍋島氏への勢力の交代をなさせ、時の権力者も認めるところとなった。

直茂の非凡さは、非凡なものであることも認めるが、多くは変化きわまりのない戦国の世からえた尊い経験のうえに生まれたものといえる。また、経験を経験としてうまく生かしえたところに、先天的な非凡さを認めるべきであろうか。

勝茂の代に、直茂の言行をもとにして「鳥の子帳」と称する藩法ができあがり、以後、代々遵守されていった。

霊徳寿梅■直茂が晩年に多布施に隠遁した際に、春日玉林寺の金鋒和尚から贈られた紅梅という　佐賀市・高伝寺

鍋島勝茂の墓■佐賀市・高伝寺

【主要参考文献】

城島正祥「佐賀領の石高と成（上）」（『歴史地理』第九十巻三号、一九七四年）
太田保一郎「維新前の鍋島本支藩の関係概要」（『肥前史談』九巻一号、一九三六年）
中村郁一『鍋島直茂公』（葉隠記念出版会、一九一七年）

【基本資料集】

『大日本史料』（第十・十一・十二編）
『佐賀県史料集成 古文書篇』（第一・三・六・七巻）
『北肥戦誌』（一名・九州治乱記）
『普聞集』
『鎮西誌』
『直茂公譜考補』（佐賀県近世史料・一九九三年）
『勝茂公御年譜』（佐賀県近世史料・一九九四年）
『元茂公御年譜』（佐賀県近世史料・二〇〇八年）
『田尻家譜』（佐賀鍋島文庫・鍋島報效会）
『鍋島茂里譜』（実松清長編）
『直茂公一代御物語聞書』（副島弥兵衛編）
『校註葉隠』（栗原荒野編・二〇〇三年）
『焼残反故』（佐賀鍋島文庫・鍋島報效会）
『相良宗蔵之話』
『極密調手扣物（全）』（佐賀鍋島文庫・鍋島報效会）
『旧記』（佐賀鍋島文庫・鍋島報效会）

鍋島直茂関連年表

年号	西暦	年齢	事項
享禄四	一五三一		龍造寺家兼、鍋島清久に肥前国本庄八十町を安堵すると共に、孫娘（後の直茂実母）を清久の嫡男清房に嫁がす。
天文七	一五三八	1	三月十三日、鍋島清房の子として本庄館に生まれる。幼名彦法師。
天文十	一五四一	4	千葉胤連の養子となる。
			この間、肥前国牛尾の胤連隠居分八十町と千葉氏譜代の家臣十二人を与えられる。
天文十二			少弐冬尚が肥前における勢力を回復、大内氏方の胤連は杵島白石に没落し、直茂もこれに従う。
天文十五			龍造寺家兼が死去、曽孫の胤信（後の隆信）が家督を継承する。
天文二十	一五五一	14	この年、千葉家を出て鍋島家に帰る。
			九月、大寧寺の変に伴う大内義隆の死を受け、大友氏・少弐氏が隆信を佐賀から追放する。清房は隆信に従う。
天文二十二	一五五三	16	勢力を回復した隆信の蓮池城主小田政光攻めに従軍し、これが初陣となる。
天文二十三	一五五四	17	この頃より、左衛門大夫を称す。隆信の高木城主高城鑑房攻めに従軍する。
弘治二	一五五六	19	鍋島清房、慶誾と再婚し、直茂と龍造寺隆信とが兄弟になる。
永禄二		22	隆信が勢福寺城に少弐冬尚を攻め、敗死させる。
永禄六		26	隆信の須古城主平井経治攻めに従軍する。
永禄七		27	隆信の須古城攻めに再度従軍する。
永禄十二	一五六九	32	大友勢が肥前へ侵入する。直茂、隆信に毛利氏の来援を待つべき旨を提言する。
			四月、大友氏と龍造寺氏が和睦し、大友勢が肥前から撤兵。
			この年、義父高木胤秀の大友勢与同を受け妻を離縁、新たに龍造寺家臣石井常延の娘（後の陽泰院）を娶る。

元亀元	一五七〇	33	三月十九日、大友勢が肥前に再度侵入する。
			八月、直茂が、今山において大友親貞の軍勢を夜襲、敗走させる。
			同月、多久梶峰城主小田鎮光を攻撃する。
			十月、龍造寺氏と大友氏が再度和睦する。
元亀二		34	春、隆信の勢福寺城主江上武種攻めに従軍する。
			夏、神代氏の龍造寺氏への服属を仲介する。
元亀三	一五七二	35	龍造寺氏が佐賀中原地域を平定する。
			この間、将軍足利義昭との通聘のため、隆信の命により僧芳叔とともに周防山口に赴く。
天正元			これ以降、天正初年頃に、石井信忠の嫡子太郎五郎を養子に迎える（後の鍋島茂里）。
天正二	一五七四	37	この頃より、飛騨守信生と称す。八月～十一月、須古城主平井経治攻めに従軍する。
天正四	一五七六	39	二月、藤津横造城攻めに従軍する。
天正五	一五七七	40	大村城主大村純忠攻めに従軍する。
天正六	一五七八	41	隆信が肥前国を統一する。
			十一月、大友氏が日向国耳川で島津氏に敗戦。これを受け、龍造寺氏は大友氏領国筑後へ進出を図る。
天正七	一五七九	42	三月、隆信の筑後・肥後出兵に従軍、隆信の命により筑後酒見に居城を移す。
天正八	一五八〇	43	隆信、嫡子政家に家督を譲り須古に隠居。五州二島の太守と呼ばれる。
			十月、嫡子伊勢松（後の鍋島信濃守勝茂）が誕生する。
天正九	一五八一	44	筑後柳川に居城を移し、肥後南ノ関の龍造寺家晴と共に筑後・肥後の経営に当たる。
			この年、羽柴秀吉に宛てて書状を送る。

天正十	一五八二	45	この年再度秀吉に宛てて書状を書し、使僧仁秀を派遣する。七月、羽柴秀吉からの返書を受ける。 十月、龍造寺氏から離反した筑後国鷹尾城主田尻鑑種・辺春城主辺春親行らへの攻撃に従軍。
天正十一	一五八三	46	十二月、龍造寺氏と筑後鷹尾城主田尻鑑種との和睦を仲介、成立させる。
天正十二	一五八四	47	三月、隆信の島原城攻撃に従軍。この戦いで隆信は戦死、直茂は柳川城に帰る。 四月、蓮池城に移り、龍造寺政家の国政を助く。 九月、家臣成富茂安と三浦可鴎を小早川隆景の下へ派遣し、秀吉に太刀・馬を献上する。 十月、島津氏との和睦が成立する。これに伴い、政家・家晴らとともに島津氏に起請文を提出する。
天正十四	一五八六	49	九月、秀吉の九州出兵予告を受け、龍造寺氏が島津氏と断交。これに伴い筑後、肥後に出陣。 十一月、秀吉に対する人質として養子茂里を上坂させる。
天正十五	一五八七	50	直茂、家政の名代として上坂し、秀吉に太刀・銀子を進上する。 三月、秀吉が島津征伐に出陣、龍造寺氏がその先陣となる。 四月七日、高良山の陣中において秀吉に謁する。 五月、秀吉から新恩地として肥前国養父郡半分と同国有馬郡のうち神代領を宛て行われる。 六月、秀吉に従って上坂する。 この年、佐々成政を救援して肥後国人一揆の鎮圧に当たる。
天正十六	一五八八		四月、肥前国長崎の代官に任じられる。 六月、秀吉から高来郡深堀の代官を命じられる。 八月、草野鎮永の肥後移封に伴い、同人の旧領松浦の代官を命じられる。 十一月、政家が嫡子長法師丸（後の藤八郎高房）を直茂の養子とする。

天正十七	一五八九	52	正月、従五位下加賀守に叙任される。
天正十八	一五九〇	53	正月、秀吉、政家を隠居させ、その子高房の国政を助けるよう直茂に命じる。 七月、小田原に秀吉を見舞う。 八月、秀吉に対する人質として妻（陽泰院）と次男平七を上坂させる。
文禄元	一五九二	55	四月、朝鮮出兵に加藤清正とともに第二陣となり渡海す。
文禄二	一五九四		明との和平交渉の結果、日本軍の大半が朝鮮から撤兵。直茂は駐留軍として金海城に留まる。
慶長二	一五九七	60	四月、朝鮮から帰国し上坂、秀吉に謁する。 秀吉、再度朝鮮へ派兵。これに伴い、五月、直茂は第四陣として渡海。
慶長三	一五九八	61	十二月、秀吉の死により嫡子勝茂らとともに帰国、上坂する。
慶長四	一五九九		三月、大坂に龍造寺藤八郎・勝茂を残し、佐賀へ下国。 十月、再度上坂する。
慶長五	一六〇〇	63	六月、徳川家康による上杉景勝討伐に伴い、九州の守備を命じられ、佐賀へ下国。 八月、勝茂・藤八郎ら、石田三成ら五奉行の命により伏見城攻撃に参加。次いで伊勢阿濃津城攻めに従軍する。 九月、関ヶ原の戦いが起こる。勝茂らは伊勢長島城主福島正則牽制のため同国野代に在陣中で、不参加。 同月、関ヶ原における西軍敗戦を受け、勝茂は大坂玉造屋敷に謹慎、その後伏見で家康に謁見。西軍参加の罪を許され、柳川城の立花宗茂討伐を命じられる。 十月、勝茂と共に出陣、柳川城の立花宗茂を攻める。 この後、島津氏討伐のため、肥後国佐敷に着陣。後、家康の命により、佐賀に帰陣。
慶長六	一六〇一	64	春、前年の柳川城での戦いを受け、肥前の所領を安堵される。
慶長七			勝茂の庶長子三平（後の元茂）が誕生する。

慶長八	一六〇三	66	駿府において家康に謁する。この際、藤八郎が諸大夫・駿河守に任官され、高房を名乗る。
慶長十	一六〇五	68	五月、勝茂が家康養女（岡部長盛娘、高源院）と縁組み。
慶長十二	一六〇七	70	三月、高房が江戸屋敷において切腹未遂を起こす。
			九月、高房が死去する。
			十月、龍造寺政家が死去する。
慶長十三	一六〇八	71	四月、高房の弟信清が、野心無き旨、直茂・勝茂に対して誓紙を提出（龍造寺氏の鍋島氏家臣化）。
慶長十五	一六一〇	73	多布施に隠居し、家督を嫡子勝茂に譲る。
慶長十六	一六一一	74	正月、岡本大八事件起こる。事件後、勝茂は検地・上地等を通じて藩主権力の確立を図る。
			この年、佐賀城竣工す。
慶長十九	一六一四	77	大坂冬の陣起こる。勝茂が幕府方として大坂に出陣し、天王寺口において戦う。
元和元	一六一五	78	大坂夏の陣起こる。勝茂が幕府方として摂津西宮まで出陣。
			高房弟信清らが野心無き旨、再度誓紙を提出。
元和三	一六一七	80	直茂、隠居料を三平元茂に与う。
元和四	一六一八	81	六月三日、多布施館で死去。

刊行にあたって

著名であるにもかかわらず、手頃な概説書がない人物や城郭、事件・合戦は多く存在します。また、本格的な分量ではなくもっと手軽に読め、かつ要点は押さえられている概説書が欲しい、という声もよく聞いてきました。

今回、刊行が開始される戎光祥出版の「シリーズ・実像に迫る」は、そうした要望に応え、これまで書籍として刊行されていなかった人物や城郭などを積極的にとりあげていく企画です。内容は、最前線で活躍する歴史研究者に、最新の研究成果を踏まえつつ、平易に叙述してもらうことにしています。

また、読者の理解を助けるために、写真や史料を多数収録しているので、内容が充実しているだけでなく、読みやすく仕上がっています。歴史ファンだけでなく、研究者にもお薦めのシリーズであることは間違いありません。

シリーズ総監修　黒田基樹

【著者略歴】

岩松要輔（いわまつ・ようすけ）

1940年、台湾省台中県生まれ。

佐賀大学教育学部卒業。

佐賀県立高等学校教員、佐賀県教育委員会職員、定年退職後、財団法人鍋島報效会役員、徴古館館長を経て、現在、小城市文化財保護審議会委員長、小城郷土史研究会会長。

『佐賀県教育史』、『佐賀県議会史』、『佐賀市史』、『小城町史』、「島原の乱と佐賀藩」（『佐賀県立高等学校社会科紀要』）など分担執筆。

シリーズ・実像に迫る 004
鍋島直茂《なべしまなおしげ》

2016年12月8日初版初刷発行

著　者　岩松要輔
発行者　伊藤光祥
発行所　戎光祥出版株式会社
〒102-0083 東京都千代田区麹町1-7 相互半蔵門ビル8F
TEL：03-5275-3361（代表）　FAX：03-5275-3365
http://www.ebisukosyo.co.jp
編集協力　株式会社イズシエ・コーポレーション
印刷･製本　日経印刷株式会社
装　丁　堀　立明

ISBN：978-4-86403-227-8